ÇALINAN POE

birey yayıncılık 209

Yayın Danışmanı
Mahmut Balcı

İç düzen
Gülseren Efilti

Kapak ve İç Resimler
Posedion

Baskı
Lord Matbaası

Cilt
İtimat Mücellithanesi

ISBN
975-264-050-8

Baskı
Ekim 2005

birey yayıncılık
Yerebatan Cad. Çatalçeşme Sok.
Üretmen Kitapçılar Çarşısı No. 29/17 Cağaloğlu/İstanbul
Tel: (0 212) 511 33 69 **Fax:** (0 212) 511 77 16
web: www.bireykitap.com E-mail: birey@bireykitap.com

ÇALINAN POE

Lacan ve Derrida
-Psikanalitik Devekuşu Diyalektiği-

Derleme ve Çeviri
Mukadder ERKAN – Ali UTKU

birey

Çeviride esas alınan özgün metinler:

*** Edgar Allan Poe,**

"Purloined Letter," American Literature, A *Representative Anthology of American Writing from Colonial Times to the Present* içinde, der. Geoffrey Moore, Faber and Faber, London, 1964, s. 352-366.

*** Jacques Lacan,**

"Seminar on *The Purloined Letter,*" çev. Jeffrey Mehlman, *French Freud, Yale French Studies* içinde, no. 48, 1972, s. 38-72.

*** Jacques Derrida,**

"Le facteur de la vérité," *The Post Card: From Socrates to Freud and Beyond*, çev. Alan Bass, The University of Chicago Press, Chicago, London, 1987, s. 413-496.

İÇİNDEKİLER

SUNUŞ

Jacques Lacan'ın, "*Çalınan Mektup* Üzerine Seminer"ini (1955), makalelerinin derlemesi *Ecrits*'in (1966) başına yerleştirmesi, Edgar Allan Poe'nun bu ünlü kısa öyküsü üzerine çözümlemesinin kendi metodunun çarpıcı bir örneğini oluşturduğunu ima eder. Jacques Derrida'nın Lacan'ın "Seminer"ine "Hakikat Faktörü/Postacısı" (1975) başlıklı metninde verdiği yanıt, Lacan'ın Poe'yu (yanlış) temellüküne ilişkin bir eleştirel süreç başlatmış ve psikanalitik hakikat ve örnek kavramlarına ve psikanalizin edebî metotla ilişkisine dair önemli tartışmalar üretmiştir.

Elinizdeki kitapta, Poe'nun, ana karakteri amatör dedektif C. Auguste Dupin'in etrafında ördüğü bir polisiye üçlemenin son halkası olan *Çalınan Mektup* ve bu öyküyü dolayıma sokan yakın okumalar olarak Lacan'ın "Seminer"i ve Derrida'nın Lacan'ın "Seminer"ine verdiği eleştirel yanıt yer almaktadır. Böylelikle Poe'nun öyküsü, Lacan ve Derrida aracılığıyla psikanalitik edebî teori ve metoda ilişkin bir sorunsalın tekrarları ya da yorumları dolayımında iki kere okunacaktır: "Tırnak işaretleri içinde ve tırnak işaretleri arasında." Sonuçta, okurun kafasında "tek bir etki" yaratacak biçimde kurgulanan, ancak etkileri yazarının planladığı boyutların ötesine taşan Poe'nun öyküsü üzerinden, Freud'un vârisi Marie Bonaparte'ın klasik psikanalitik Poe okumasını, bir diğer vâris Lacan'ın Poe'yu okuyan Bonaparte'ı yapısalcı psikanalitik okumasını ve Derrida'nın Poe'yu okuyan Bonaparte'ı okuyan Lacan'ı yapıbozumcu okumasını içeren baş döndürücü bir okumalar zinciri.

Derleme ve çeviri, yapısalcılık sonrası döneme ilişkin bir birlikte okuma-tartışma süreci bağlamında, edebiyattan felsefeye, felsefeden edebiyata sızmalara izin veren disiplinler arası bir zeminde ortak yol arayışlarının bir ürünüdür. Benzer ilgi ve arayışlara bir katkı sağlayacağı umuduyla metinleri okuruyla baş başa bırakırken, çeviri sürecinde yardımlarını esirgemeyen Ayten Er'e ve Dursun Balkaya'ya teşekkür ederiz.

Mukadder ERKAN – Ali UTKU

Edgar Allan Poe:

ÇALINAN MEKTUP*

Nil sapientiae odiosius acumine nimio.[1]

Seneca

Paris'te, 18- sonbaharında fırtınalı bir akşamüstü, hava karardıktan hemen sonra, dostum C. Auguste Dupin'le birlikte, onun *Faubourg* St. *Germain, Rue Dunôt, No: 33'te, au troisième*[2], arkaya bakan küçük kütüphanesinde ya da kitap odasında derin düşüncelere dalmanın ve bir lületaşı piponun çifte keyfini çıkarıyordum. En azından bir saattir derin bir sessizliğe gömülmüştük; sıradan bir gözlemci, her ikimizin, dikkatle ve yalnızca odanın havasını ağırlaştıran dalgalı duman bulutlarını seyretmekle meşgul olduğumuzu sanabilirdi. Oysa kendi adıma ben, akşamın daha erken saatlerinde aramızda konuştuğumuz bazı konuları zihnimde ölçüp tartıyordum; yani Morgue Sokağı olayını ve Marie Rogét cinayetini örten esrarı. Bu yüzden, dairemizin kapısı ardına kadar açılıp içeriye eski tanışımız Paris Polis Komiseri Mösyö G- girince, bunun bir rastlantı [coincidence] olduğunu düşündüm.

---

* Edgar Allan Poe, "Purloined Letter," American Literature, A Representative Anthology of American Writing from Colonial Times to the Present içinde, der. Geoffrey Moore, Faber and Faber, London, 1964, s. 352-366.

1 "Bilgelik için, aşırı kurnazlıktan daha nefret edilesi bir şey yoktur." (Türkçe'ye çev. n.).

2 Üçüncü katta. (Türkçe'ye çev. n.).

Onu içtenlikle karşıladık; çünkü aşağılık bir adam olduğu kadar, neredeyse eğlenceli bir adamdı da ve kendisini birkaç yıldır görmemiştik. Karanlıkta oturuyorduk, derken Dupin lambayı yakmak için ayağa kalktı, ancak G.'nin büyük sıkıntı yaratan resmi bir iş hakkında bize danışmak ya da daha doğrusu, dostumun görüşüne başvurmak için uğradığını söylemesi üzerine, lambayı yakmadan tekrar yerine oturdu.

"Düşünmeyi gerektiren bir konuysa," dedi Dupin, fitili yakmaktan vazgeçerek, "karanlıkta irdelemek daha iyi olur."

"İşte tuhaf fikirlerinizden biri daha," dedi Komiser. Kavrayışını aşan her şeyi "tuhaf" olarak adlandırma huyu vardı ve bu yüzden tam bir "tuhaflıklar" yığını içinde yaşıyordu.

"Çok doğru," dedi Dupin, konuğuna bir pipo uzatırken ve rahat bir koltuğu ona doğru çevirdi.

"Bu seferki sorun ne?" diye sordum. "Umarım yine cinayet türü bir şey değildir."

"Yoo; o tür bir şey değil. Gerçek şu ki, mesele aslında çok basit ve rahatlıkla üstesinden gelebileceğimizden hiç şüphem yok; ancak yine de ben, Dupin'in meselenin ayrıntılarını duymak isteyeceğini düşündüm, çünkü aşırı derecede tuhaf."

"Basit ve tuhaf," dedi Dupin.

"Evet, öyle ve tam olarak ikisi de değil. Gerçek şu ki, çok basit olmasına karşın, olayın kafamızı karıştırmasına hepimiz şaşırıp kaldık."

"Belki de sizi yanıltan şey, bizzat olayın basitliğidir," dedi dostum.

"Ne saçmalıyorsun!" diye yanıtladı Komiser, içten bir kahkahayla.

"Belki de sır biraz *fazla* açık," dedi Dupin.

"Yapma.Allah aşkına, kim duymuş böylesi bir fikri?"

"Biraz fazla apaçık."

"Ha! Ha! Ha! —ha! ha! ha! -ho! ho! ho!" diye kahkahalar attı konuğumuz, çok hoşuna gitmişti, "yapma Dupin, öldüreceksin beni!"

"Peki, *neymiş* elinizdeki mesele?" diye sordum.

"Evet, anlatacağım size," yanıtını verdi Komiser, piposundan çektiği dumanı uzun, muntazam ve düşünceli bir biçimde üfleyerek koltuğuna yerleşti. "Kısaca anlatacağım size; ancak başlamadan önce sizi uyarıyorum, bu çok büyük gizlilik gerektiren bir mesele ve bunu herhangi birine açtığım bilinirse, şu anda bulunduğum mevkii kaybederim büyük ihtimalle."

"Devam et," dedim.

"Ya da etme," dedi Dupin.

"Peki öyleyse; çok yüksek bir muhitten, Kraliyet konutundan son derece önemli bir belgenin çalındığına dair kişisel bilgi aldım. Belgeyi çalan kişi biliniyor, bu kesin; onu alırken görülmüş. Hâlâ onun elinde olduğu da biliniyor."

"Peki, bu nasıl biliniyor?" diye sordu Dupin.

"Belgenin niteliğinden," diye yanıtladı Komiser, "ve hırsız onu elinden *çıkarsaydı* –yani onu başlangıçta kullanmayı tasarladığı şekilde kullansaydı– derhal doğacak bazı sonuçların görülmemesinden açıkça anlaşılıyor."

"Biraz daha açık ol," dedim.

"Eveet, şunu söylemeyi göze alabilirim ki, bu evrak, onu elinde bulunduran kişiye, böylesi bir gücün çok değerli olduğu belirli bir muhitte belirli bir güç sağlar." Komiser, diplomasi jargonuna düşkündü.

"Yine de tam olarak anlamıyorum," dedi Dupin.

"Sahi mi? Peki öyleyse, bu belgenin, ismi gizli kalması gereken üçüncü bir kişiye ifşa edilmesi halinde bu, çok yüksek mevkiden önemli bir kişinin onurunun lekelenmesine yol açar ve bu gerçek, belgeyi elinde bulundurana onuru ve huzuru böylesi tehlike altında olan bu ünlü kişi karşısında bir üstünlük sağlar.

"Ancak bu üstünlük" diye araya girdim, "mağdurun hırsızı tanıdığını, hırsızın bilmesine bağlıdır. Kim cesaret eder de ?"

"Hırsız." dedi G., "Bakan D-'dir, her şeye cesaret eder, bir insana yakışana da, yakışmayana da. Bu hırsızlığın metodu, cüretkâr olduğu kadar ustacaydı. Söz konusu belge –doğruyu söylemek gerekirse bir mektup– hırsızlığa uğrayan hanımın eline, kraliyet *boudoir*[3]'ında yalnızken geçmiş. Mektuba göz atarken, onu kendisinden özellikle gizlemeyi istediği diğer yüksek mevkili kişinin içeriye girmesiyle, okuması aniden yarıda kesilmiş. Mektubu bir çekmeceye atma yönünde telaşlı ve boşa çıkan bir çabanın ardından, onu açık olarak bir masanın üzerine koymak zorunda kalmış. Ama adres üst tarafta kalmış ve içinde yazılanlar okunamadığından mektup dikkat çekmiyormuş. Tam bu nazik anda, Bakan D- giriyor içeri. Keskin gözleri hemen mektuba takılıyor, adresin elyazısını tanıyor, mektubun kendisine yazıldığı kişinin elinin ayağına dolaştığını görüyor ve neyi gizlediğini anlıyor. Her zamanki gibi aceleci biçimde devlet işleri hakkında bazı görüşmeler yaptıktan sonra, bir şekilde söz konusu mektuba benzer bir mektup çıkarıyor, açıyor, okur gibi yapıyor ve sonra onu diğerinin hemen yanına koyuyor. Bir on beş dakika daha kamu sorunları üzerine sohbet ediyor. Sonunda, çıkarken, kendine ait olmayan mektubu da masadan alıyor. Mektubun asıl sahibi, bunu gördü; ancak tabii hemen yanı başında duran üçüncü kişinin önünde müdahale etmeye cesaret edemedi. Bakan –hiçbir önemi olmayan– kendi mektubunu masada bırakarak ayrıldı."

---

3 Bir kadının süslenme odası ya da özel oturma odası. (Türkçe'ye çev. n.).

"İşte burada," dedi Dupin bana, "üstünlüğü kusursuz kılmak için gereksinim duyduğunuz şeye kesinlikle sahipsiniz –mağdurun hırsızı tanıdığını hırsızın bilmesi."

"Evet," diye yanıtladı Komiser; "ve bu şekilde elde edilen güç, son birkaç aydır politik amaçlar için çok tehlikeli bir boyutta kullanılmakta. Hırsızlığa uğrayan kişi, mektubunun geri alınmasının şart olduğuna her geçen gün biraz daha fazla kani oluyor. Ancak elbette bu alenen yapılamaz. Nihayet, umutsuzluk içinde meseleyi bana açtı."

"Kanımca," dedi Dupin, kesif bir duman girdabı içinden, "senden daha basiretli bir ajan ne istenebilir, ne de tasavvur edilebilir."

"İltifat ediyorsun," diye karşılık verdi Komiser; "ama yalan da değil doğrusu."

"Anlattığın kadarıyla," dedim, "mektubun hâlâ Bakan'ın elinde olduğu açık; gücü veren, mektubun kullanılması değil de, bu elde bulundurma olduğuna göre. Kullanılmasıyla bu güç sona erecek."

"Doğru," dedi G., "ben de bu kanıyla hareket ettim. Yapmam gereken ilk iş, Bakan'ın otelini tepeden tırnağa aramak oldu; burada asıl sıkıntım, onun bilgisi dışında arama yapma zorunluluğuydu. Her şeyden önce, ona planımızdan şüphelenme nedeni sağlamaktan doğacak tehlike konusunda uyarıldım."

"Ancak," dedim, "bu soruşturmalar konusunda oldukça *au fait*[4] sindir. Paris polisi bunu daha önce pek çok kez yapmıştır."

"Haa, evet ve bu nedenle umutsuzluğa düşmedim. Bakan'ın alışkanlıkları da, bana büyük bir avantaj sağladı. Çoğunlukla bütün gece odasında durmaz. Kesinlikle çok sayıda hizmetçisi yok. Efendilerinin odasından uzakta yatıyorlar ve

4 Deneyimli. (Türkçe'ye çev. n.).

çoğu Napolili olduğundan, kolayca sarhoş oluyorlar. Bildiğiniz gibi, Paris'teki her odayı ya da dolabı açabileceğim anahtarlar var bende. Üç aydır, büyük bölümünü D- 'nin Oteli'ni bizzat didik didik aramakla geçirmediğim bir tek gece bile yok. İtibarım söz konusu ve aramızda kalsın, ödül de çok büyük. Bu yüzden, hırsızın benden daha uyanık bir adam olduğundan kesinlikle emin olana kadar aramaktan vazgeçmedim. Sanırım, dairede evrakın saklanabileceği her köşeyi araştırdım."

"Ancak," dedim, "mektup Bakan'ın elindeyse bile, ki şüphesiz öyle, onu kendi dairesinden başka bir yere saklamış olamaz mı?"

"Bu pek muhtemel görünmüyor," dedi Dupin. "Mahkemedeki davaların ve özellikle de D- 'nin karıştığı bilinen şu entrikaların hâlihazırdaki hassas durumu, belgenin derhal kullanılabilir olmasını –anında ortaya çıkarılabilir olmasını– gerektiriyor –onu elde tutmakla neredeyse eşit öneme sahip bir konu."

"Ortaya çıkarılabilir olmasını mı?" diye sordum.

"Yani yok *edilebilir* olması," dedi Dupin.

"Doğru," dedim; "öyleyse açıkça evrak dairede. Bakan'ın üstünde taşıması meselesine gelince, bunun söz konusu olmadığını düşünebiliriz."

"Tamamen," dedi Komiser. "Haydutların yaptığı süsü verilerek, iki kez yolu kesildi; benim denetimim altında üstü dikkatle arandı."

"Boşuna zahmet etmişsiniz," dedi Dupin, "kanımca D- hiç de aptal değil ve eğer değilse, bu yol kesmeleri, işin gereği olarak tahmin etmiş olmalı."

"*Bütünüyle* aptal değil," dedi G., "ancak ne de olsa bir şair; şair de fikrimce bir aptaldan yalnızca bir adım geride sayılır.

"Haklısın," dedi Dupin, lületaşı piposundan uzun ve düşünceli bir nefes çektikten sonra, "her ne kadar bazı değersiz şiirler yazmakla ben de suçlu olsam da."

"Sanırım," dedim, "aramanızın özel ayrıntılarına gireceksiniz."

"Evet, gerçek şu ki, acele etmedik ve *her yeri* aradık. Bu konularda epey deneyimliyimdir. Bütün binayı oda oda taradık; her odaya bütün bir haftanın gecelerini ayırarak. İlkin her dairenin eşyalarını inceledik, ne kadar çekmece varsa açtık; sanırım bilirsiniz ki, iyi eğitim görmüş bir polis memuru için 'gizli' çekmece diye bir şey yoktur. Bu tür bir aramada, 'gizli' bir çekmecenin gözünden kaçmasına izin veren bir adam ahmaktır. Bu iş *bu kadar* basit. Her dolapta, hesaba katılacak belli bir boşluk –yer– vardır. Sonra, bizim kesin kurallarımız var. Hiçbir şey gözümüzden kaçamazdı. Dolaplardan sonra, sandalyeleri gözden geçirdik. Minderleri, daha önce kullanırken görmüş olduğunuz ince uzun iğnelerle yokladık. Masaların üst kısımlarını söktük."

"O neden?"

"Bazen masanın üst kısmı ya da benzer biçimde düzenlenmiş bir eşya parçası, bir şey saklamak isteyen kişi tarafından sökülür; sonra ayak oyulur, bu şey oyuğun içine yerleştirilir ve üst kısım yerine takılır. Karyola direklerinin alt ve üst kısımları da aynı şekilde kullanılır."

"Ama oyuk, sesle bulunamaz mı?" diye sordum.

"Hiçbir şekilde, eğer bu şey yerleştirilirken etrafına yeterli pamuk tamponlar konulursa. Ayrıca, bizim vakamızda gürültü etmeden çalışmak zorundaydık."

"Ama belirttiğiniz tarzda içine bir şey saklanabilecek bütün eşyaları parçalara ayırmış olamazsınız –sökmüş olamazsınız. Bir mektup, şekil ya da hacimce kalın bir örgü şişinden çok da farklı olmayan ince spiral bir rulo halinde kıvrılabilir ve bu şekilde, örneğin, bir sandalyenin yatay çubuklarından birinin içine sokulabilir. Bütün sandalyeleri parçalara ayırmadınız ya?"

"Elbette hayır; ancak daha iyisini yaptık –oteldeki her sandalyenin yatay çubuklarını ve aslında her tür eşyanın birleşme yerlerini çok güçlü bir mikroskop yardımıyla inceledik. Yakın zamanlı bir kurcalanma izi olsaydı, anında fark etmekten geri kalmazdık. Örneğin tek bir delgi tozu zerresi, bir elma kadar belirgin olurdu. Yapışmada herhangi bir düzensizlik –eklem yerlerinde olağandışı bir gevşeme– incelemeyi derinleştirmek için yeterliydi."

"Sanırım aynalara, sırlı camlar ve panolar arasına dikkat ettiniz ve yataklar ve yatak takımlarını da yokladınız, perdeleri ve halıları olduğu kadar."

"Elbette; bu şekilde bütün eşyaları bütünüyle aradıktan sonra, binanın kendisini de inceledik. Hiçbir şey gözden kaçmasın diye, binanın bütün yüzeyini bölümlere ayırdık, bunları numaralandırdık; sonra bitişikteki iki ev de dâhil, binanın her santimetre karesini önceki gibi mikroskopla baştan sona ayrı ayrı inceledik."

"Bitişikteki iki evi!," diye haykırdım, "çok zahmet çekmiş olmalısınız."

"Çektik; ancak sunulan ödül çok büyük."

"Binaları çevreleyen *avluyu* da dâhil ettiniz mi?"

"Bütün avlu tuğla döşeli. Bize, nispeten daha az zahmet verdiler. Tuğlaların arasındaki yosunları inceledik ve ellenmediklerini gördük."

"D- 'nin evraklarını ve kütüphanedeki kitapların aralarını da araştırdınız tabii?"

"Elbette; her tomarı ve paketi açtık; her kitabı açmakla kalmadık, bazı polis memurlarımızın yaptığı gibi yalnızca sallamakla yetinmeyip, her cildi sayfa sayfa çevirdik. Ayrıca, her kitap *kapağının* kalınlığını, en doğru ölçümle ölçtük ve her birini aşırı titiz mikroskop incelemesinden geçirdik. Ciltlerden herhangi biri yakınlarda kurcalanmış olsaydı, gözden kaçmış olması kesinlikle olanaksızdı. Ciltçiden yeni gelmiş beş altı kitabı, iğneler sokarak dikkatli bir biçimde yokladık."

"Halıların altına da baktınız mı?"

"Şüphesiz. Bütün halıları tek tek kaldırıp tahta döşemeyi mikroskopla inceledik."

"Ya duvar kağıtlarını?"

"Evet."

"Bodrumlara baktınız mı?"

"Baktık."

"Öyleyse," dedim, "bir yanlış yargıda bulunmuşsunuz ve mektup, sandığınız gibi binada değil."

"Korkarım bunda haklısın," dedi Komiser. "Ve şimdi Dupin, ne yapmamı tavsiye edersin?"

"Binayı baştan aşağı aramanızı."

"Bu kesinlikle gereksiz," diye karşılık verdi G–, "nefes aldığımdan nasıl eminsem, mektubun Otel'de olmadığından da eminim."

"Sana vereceğim daha iyi bir tavsiye yok," dedi Dupin. "Elinde mektubun net bir tarifi vardır herhalde?"

"Haa, evet." Ve bu noktada Komiser, bir not defteri çıkarıp kayıp belgenin içeriğini ve özellikle de şeklini şemalini en ince ayrıntılarına kadar yüksek sesle okumaya başladı. Bu tarifi okumayı bitirdikten sonra, kalkıp gitti. Bu nazik beyefendiyi tanıdığımdan beri, hiç bu kadar sıkıntılı görmemiştim.

Aşağı yukarı bir ay sonra, yine uğradı. Bizi neredeyse önceki kadar meşgul buldu. Bir pipo aldı, koltuğa oturdu ve sıradan bir sohbete girdi. Sonunda,

"İyi de G—, çalınan mektuptan ne haber?" dedim. "Sanırım en sonunda Bakan'la boy ölçüşülemeyeceğini anladınız, değil mi?"

"Lanet olası herif, sorma –evet; Dupin'in tavsiye ettiği gibi yeniden inceleme yaptım, ama bütün çabalar boşa gitti, beklediğim gibi."

"Vaat edilen ödül ne kadardı demiştin?" diye sordu Dupin.

"Evet, büyük bir miktar –çok cömert bir miktar. Tam olarak ne kadar olduğunu söylemek istemiyorum; ama şu kadarını söyleye*bilirim* ki, o mektubu bana getirebilecek kişiye elli bin Frank'lık bir çek vermeye razıyım. Gerçek şu ki, mektubun önemi her geçen gün giderek artıyor; ödül geçenlerde iki katına çıkarıldı. Üç katına çıkarılsa da, yaptığımdan daha fazlasını yapamazdım."

"Öyle evet," dedi Dupin ağır ağır, lületaşı piposundan çektiği nefeslerin arasında, "aslında G–, sanırım bu meselede elinden gelen gayreti –göstermedin. Biraz daha –çabalayabilirsin, diye düşünüyorum, ha?"

"Nasıl? –ne şekilde?"

"Evet –puff, puff– bu meselede akıl –puff, puff– danışabilirsin, ha? –puff, puff, puff. Abernethy hakkında anlatılan öyküyü hatırlıyor musun?"

"Hayır. Abernethy'nin canı cehenneme!"

"Kesinlikle! Canı cehenneme, memnuniyetle. Ama bir zamanlar zengin ve cimri bir adam, bu Abernethy'den beleş tıbbî tavsiye almak üzere kasıtlı bir plan hazırlamış. Bu amaçla, ikisi baş başayken, havadan sudan konuşmaya başlayarak, sözde hayali bir kişinin hastalığıymış gibi kendi durumunu doktora çaktırmadan anlatmış.

"'Farzedelim ki,' demiş cimri adam, 'onun şikayetleri şunlar şunlar; bu durumda doktor, siz bu adamın ne almasını salık verirdiniz.'"

"'Ne almasını mı?' demiş Abernethy, 'tabii ki *tavsiye* almasını.'"

"Ama," dedi biraz bozulan Komiser, "tavsiye almaya ve bunun ücretini ödemeye *kesinlikle* hazırım. Bana bu meselede yardım eden kişiye, *gerçekten* elli bin Frank veririm."

"Bu durumda," diye yanıtladı Dupin, bir çekmeceyi açıp bir çek defteri çıkartarak, "bana da belirttiğin miktarda bir çek yazabilirsin. Çeki imzaladığında mektubu sana vereceğim."

Şaşırmıştım. Komiser, kesinlikle afallamış görünüyordu. Birkaç dakika sessiz ve hareketsiz kaldı, ağzı bir karış açık, gözleri yuvalarından uğramış, dostuma şüpheyle bakıyordu; sonra, görünüşte bir ölçüde kendisini toparlayarak bir kalem aldı, duraklayarak ve boş gözlerle elli bin Frank'lık bir çek yazıp imzaladı sonunda ve onu masanın üstünden Dupin'e verdi. Dupin, çeki dikkatle inceledi ve çek defterinin içine koydu; sonra bir *escritoire*'ın[5] kilidini açıp oradan bir mektup çıkardı ve onu Komiser'e verdi. Bu lüzumsuz işler memuru, sevinçten uçarak mektubu kaptı, titreyen elleriyle açtı, içeriğine hızla bir göz attı ve sonra apar topar kapıya yöneldi, veda etmeden odadan ve evden dışarı fırladı, Dupin çeki yazmasını istediğinden beri, tek kelime etmemişti zaten.

O gittikten sonra, dostum bir takım açıklamalara girişti.

"Paris polisi," dedi, "kendi tarzında son derece yeteneklidir. Onlar gayretli, maharetli, kurnaz ve görevlerinin aslen gerektiriyor göründüğü bilgide tamamen deneyimlidirler. Bu yüzden G—, D–'nin Otel'indeki daireyi arama tarzını bize ayrıntılarıyla anlattığında, tatminkâr bir inceleme yaptığına kesinkes inandım –elinden geldiğince."

"Elinden geldiğince mi?" dedim.

"Evet," dedi Dupin, "uygulanan ölçütler, yalnızca kendi türlerinin en iyileri değildi, aynı zamanda kesin bir kusursuz-

5 Yazı masası. (Türkçe'ye çev. n.).

lukla uygulanmışlardı. Eğer mektup, arama alanları içinde olsaydı, şüphesiz bu adamlar onu bulurlardı."

Yalnızca güldüm –ancak o, bütün söylediklerinde çok ciddi görünüyordu.

"Öyleyse ölçütler," diye devam etti, "kendi türlerinde iyiydiler ve iyi uygulanmışlardı; kusurları vakaya ve adama uygulanamaz olmalarında yatıyor. Oldukça maharetli belirli bir kaynaklar dizisi, Komiser'in elinde, planlarını zorla uyarlamaya çalıştığı bir tür Prokrustes[6] yatağıdır. Ancak o, elindeki meselede ya çok derin ya da çok sığ olduğu için sürekli hata yapar. Ve okul çocukları ondan daha iyi akıl yürütür. 'Tek mi çift mi' oyunundaki tahmin başarısı, herkesi hayran bırakan sekiz yaşında bir çocuk tanımıştım. Bu oyun basittir ve misketlerle oynanır. Oyunculardan biri, elinde bir miktar misket tutar ve diğer oyuncudan, bunların sayısının tek mi çift mi olduğunu bilmesini ister. Eğer tahmin doğruysa, tahminde bulunan bir misket kazanır; yanlışsa, bir misket kaybeder. Sözünü ettiğim çocuk, okulun bütün misketlerini kazanıyordu. Elbette tahmin yaparken bir ilkesi vardı; bu, salt gözleme ve rakiplerinin kurnazlığını tartmasına dayanıyordu. Örneğin, halis muhlis bir salak rakibi olur, kapalı elini kaldırarak, 'tek mi, çift mi?' diye sorar. Bizim oğlan 'tek' yanıtını verir ve kaybeder; ama ikinci elde kazanır, çünkü kendine şöyle söyler: 'Bu salak, birinci elde çift tutmuştu ve kurnazlığı ikinci elde onları ancak tek yapmaya yeter; bu yüzden tek diyeceğim' –tek tahmininde bulunur ve kazanır. İlkinden bir derece az bir salakla o şöyle akıl yürütürdü: 'Bu adam, ilk seferinde tahminimin tek olduğunu biliyor ve ikincisinde, ilkinden hareketle çiftten teke basit bir değişiklik yapacaktır; ancak o zaman bir

6 Yunan mitolojisinde, Atina ile Megara yolu üstünde yaşayan bir haydut. Biri küçük, biri büyük demirden iki yatağı varmış ve gelen geçen yolcuları soyduktan sonra, uzun boyluları küçük yatağa yatırır, kollarını bacaklarını keser, kısaları büyük yatağa yatırır, ayaklarından çeker uzatırmış. (Türkçe'ye çev. n.).

ikinci düşünceyle, bunun çok basit bir değişiklik olduğu kanısına varacak ve sonunda önceki gibi çiftte karar kılacaktır. Bu yüzden ben, 'çift' tahmininde bulunacağım'; çift der ve kazanır. Şimdi, "arkadaşlarının 'şanslı' olarak adlandırdıkları okul çocuğundaki bu akıl yürütme tarzı –son tahlilde bu nedir?

"Yalnızca," dedim, "akıl yürütenin zekâsının rakibininkiyle özdeşleşmesi."

"Evet bu," dedi Dupin, "ve çocuğa, başarısını borçlu olduğu *kusursuz* özdeşleşmeye nasıl ulaştığını sorduğumda, şu yanıtı aldım: 'birinin ne kadar akıllı ya da akılsız, ne kadar iyi ya da kötü niyetli olduğunu ya da o anda ne düşündüğünü anlamak istediğimde, yüzümün ifadesini, olabildiğince tıpatıp onun yüzünün ifadesine uygun kılar ve sonra zihnimde ya da kalbimde hangi düşünceler ya da duyguların bu yüz ifadesine tekabül ettiğini ya da uygun düştüğünü anlamak için beklerim.' Okul çocuğunun bu yanıtı, Rochefoucauld'ya, La Bougive'e, Machiavelli'ye ve Campanella'ya atfedilegelen bütün sahte derinliğin temelinde yatıyor."

"Ve eğer yanlış anlamadıysam," dedim, "akıl yürütenin zekâsının rakibininkiyle bu özdeşleşimi, rakibin zekâsının ölçülmesinin doğruluğuna bağlı."

"Çünkü pratik değeri buna bağlı," diye yanıtladı Dupin, "Komiser ve adamlarının bu kadar sık yanılmaları, birincisi, bu özdeşleşmenin ihmal edilmesinden ve ikincisi, karşılarına çıkan zekânın yanlış ölçülmesinden ya da daha doğrusu hiç ölçülmemesinden. Onlar, yanlızca kendi yaratıcı fikirlerini kâle alırlar ve gizlenmiş bir şeyi ararken, yalnızca *kendilerinin* onu gizleyecekleri durumları göz önünde tutarlar. Bu konuda çok haklıdırlar –kendi yaratıcılıkları *kitlelerin*kinin sadık bir temsilcisidir; ancak suçlu bireyin zekâsı yapı olarak kendilerininkinden farklıdır, elbette suçlu onları atlatır. Bu, suçlunun zekâsı onların zekâsının üstündeyse her zaman, altındaysa genellikle meydana gelir. Soruşturmalarında ilke değişikliği yapmazlar; en iyi halde, olağandışı bir durumla –olağanüstü bir ödülle– karşılaştıklarında, ilkelerine dokunmadan, eski *hareket* tarzlarının kapsamını genişletirler ya da onu abartırlar. Örneğin, bu D—, vakasında hareket ilkesini değiştirmek için ne yapılmış? Bütün bu delmeler, yoklamalar, tıklatmalar, mikroskopla inceden inceye gözden geçirmeler, bina yüzeyini kayda geçirilmiş santimetre karelere bölmeler de ne oluyor? –Bunların hepsi, uzun meslek yaşamı boyunca Komiser'in alışkanlık haline getirdiği, insan zekâsı konusunda bir dizi görüşe dayanan bir arama ilkesi ya da ilkeler dizisi *uygulamasının* abartılışından başka nedir ki? Bütün insanların, bir mektubu –bir sandalye ayağında delgiyle açılmış bir oyuğa değilse bile– en azından, insanı, bir mektubu bir sandalye ayağındaki delgi oyuğuna gizlemeye sevkeden aynı düşünce eğilimiyle telkin edilen gözden ırak bir oyuğa ya da köşeye gizlemeye kalkışacaklarını sorgusuz sualsiz kabul ettiğini görmüyor musun? Ayrıca, bu tür *rechercés*[7] gözden ırak gizleme yerlerinin yalnızca sıradan vakalarda kullanıldığını ve ortalama zekâya sahip kişiler tarafından benimsendiğini anlamıyor musun? Çünkü bütün gizleme olaylarında gizlenen nesnenin yeri –bu rechercé tarzdaki yeri– mantıksal olarak rahatça düşünülebilir ve tahmin edilir; böylece onun bulunması, arayanların sezgi gücüne değil, tamamen salt dikkatine, sabrına ve azmine bağlıdır. Eğer olay önemliyse –ödül yüklüyse, ki ikisi de polislerin gözünde aynı şeydir– söz konusu niteliklerin boşa çıktığı *asla* görülmemiştir. Çalınan mektup, polislerin inceleme sınırlarının içerisinde bir yerde olsaydı –başka bir deyişle gizlenme ilkesi, Komiser'in ilkeleriyle kavranmış olsaydı, bulunması işten değildi derken neyi kastettiğimi şimdi anlayacaksın. Yine de bu lüzumsuz işler memuru, tamamen şaşkına dönmüştü ve

7 Sıradışı. (Türkçe'ye çev. n.).

başarısızlığının dolaylı nedeni, Bakan'ın bir aptal olduğu varsayımında yatar; çünkü o, bir şair olarak ün kazanmıştır. Bütün aptallar şairdir; Komiser'in *düşündüğü* budur; bu yüzden, bütün şairlerin aptal olduğu çıkarımında bulunduğu bir *non distributio medii*[8] hatasına düşüyor."

"Peki Bakan gerçekten şair mi?" diye sordum. "Bildiğim kadarıyla, iki erkek kardeş var; her ikisi de yayın dünyasında ün kazanmış. Bakan, sanırım Diferansiyel Hesaplama üzerine bilimsel metinler kaleme aldı. O, bir matematikçi, şair değil."

"Yanılıyorsun, onu çok iyi tanıyorum. O, her ikisidir de. Bir şair ve bir matematikçi olduğundan, iyi akıl yürütür. Yalnızca bir matematikçi olsaydı, hiç de akıl yürütemezdi ve böylece Komiser'in insafına kalırdı."

"Herkesin fikriyle çelişen bu görüşlerle," dedim, "beni şaşırtıyorsun. Yüzyıllardır tamamen benimsenmiş fikirleri hiçe saymayı kastetmiyorsun ya. Matematiksel akıl, uzun süreden beri *par excellence*[9] akıl olarak kabul edilmektedir.

"'*Il ya à parier*'," diye karşılık verdi Dupin, Chamfort'tan alıntılıyarak, "'*que toute idée publique, toute convention reçue, est une sottise, car elle a convenu au plus grand nombre.*'[10] Seni temin ederim ki, matematikçiler, senin sözünü ettiğin genel hatayı yaygınlaştırmak için ellerinden geleni yaptılar ve her şeye rağmen, bunu hakikat olarak ilan etmek bir hatadır. Örneğin, daha iyi bir amaca uygun düşecek bir ustalıkla 'analiz' terimini cebirde uygulamaya koydular. Fransızlar bu özel düzenbazlığın mucitleridir; ancak bir terim öneme sahipse –sözcükler uygulanabilirlikten değer kazanıyorlarsa– o zaman Latince '*ambitus* 'hırs', '*religio*' 'din' ya da '*homines honesti*' 'onur-

---

8 "Dağıtılmamış orta;" bir mantık hatası. (Türkçe'ye çev. n.).

9 Kusursuz. (Türkçe'ye çev. n.).

10 "Bahse girilebilir ki, halkın her fikri, benimsenen her uzlaşım, çoğunluğa uyduğu için aptalcadır." (Türkçe'ye çev. n.).

lu adamlar' anlamına ne kadar gelirse, 'analiz' sözcüğü de o kadar 'cebir' anlamına gelir."

"Anladığım kadarıyla," dedim, "Paris'li bazı cebircilerle kavgaya tutuşacaksın, ama devam et."

"Soyut mantık dışında özel bir biçimde yetişen aklın kullanışlılığını ve böylelikle değerini tartışıyorum. Özellikle de, matematik çalışmalarıyla geliştirilen aklı tartışıyorum. Matematik, biçim ve nicelik bilimidir. Matematiksel akıl yürütme, biçime ve niceliğe dayalı gözleme uygulanan mantıktır. Büyük hata, *salt* cebir adı verilen şeyin doğruluklarının bile, soyut ya da genel doğruluklar olduğunun öne sürülmesinde yatar. Ve bu hata, öylesine kötüdür ki, evrensel çapta kabul görmesi beni kahrediyor. Matematiksel aksiyomlar, genel doğruluk aksiyomları *değil*dirler. Örneğin, –biçim ve nicelik arasındaki– *bağıntı* açısından doğru olan şey, ahlâk açısından çoğunlukla tamamen yanlıştır. Bu ikinci bilimde, birleştirilen parçaların bütüne eşit olduğunun kabul edilmesi, genellikle doğru *değil*dir. Bu aksiyom, kimyada da başarısız olur. İtkinin değerlendirilmesinde yanlıştır; çünkü her biri verili bir değere ait iki itkinin, birleştirildiklerinde, tek tek değerlerinin toplamına eşit bir değere sahip olmaları gerekmez. Yalnızca bağıntı sınırları içinde doğru olan pek çok başka matematiksel doğruluklar vardır. Ancak matematikçi, –aslında herkesin sahip olduklarını düşündüğü şekilde– sanki kesinlikle genel bir uygulanabilirliğe sahiplermiş gibi, alışkanlıkla kendi *sınırlı doğruluklarından* hareket eder. Çok kapsamlı 'Mitoloji'sinde Bryant, 'pagan fabllarına inanılmasa da, sürekli kendimizi unutur ve varolan gerçekliklermiş gibi onlardan sonuçlar çıkarırız' dediğinde, benzer bir hata kaynağından söz eder. Bununla beraber, kendileri pagan olan cebircilerin nazarında, 'pagan fabllarına' inanılır ve hafıza sürçmesinden çok, tuhaf bir beyin bulanıklığından dolayı onlardan sonuçlar çıkarılır. Kısacası, eşit kökler dışında kendisine güvenilecek ya da x^2+px'in kesinlikle ve koşulsuz olarak *q*'ya eşit olduğuna kendi inanç noktası olarak gizliden gizliye inanmayan tek bir matematikçiyle henüz hiç karşılaşmadım. Bu baylardan birisine, istersen deneme kabilinden, x^2+px'in hiç de *q*'ya *eşit olmadığı* durumların olabileceğini söyle ve ne kastettiğini anlamasını sağladıktan sonra, elverdiği ölçüde hızla ondan kaçmaya bak; çünkü şüphe yok ki, seni yere sermeye çalışacaktır."

"Şunu demek istiyorum," diye devam etti Dupin, ben bu son söylediklerine yalnızca gülerken, "eğer Bakan, bir matematikçiden başka bir şey olmasaydı, Komiser, bana bu çeki vermek zorunda kalmayacaktı. Ancak, onu hem matematikçi hem de şair olarak tanıyordum ve ölçütlerimi, kendisini çevreleyen koşulları göz önüne alarak onun kapasitesine uyarladım. Onu, bir saray mensubu ve cüretkâr bir *intriguant*[11] olarak da tanıyordum. Bu tür bir adamın, polisin sıradan hareket tarzlarının farkında olmaktan geri kalmayacağını düşündüm. Maruz kaldığı yol kesme olaylarını önceden tahmin etmekten geri kalmayacaktı –ve olaylar onun, bunu önceden tahmin ettiğini kanıtladı. Dairesindeki gizli incelemeleri önceden sezmiş olması gerektiğini düşündüm. Komiser'in kendi başarısını hazırlayan vasıtalar olarak coşkuyla karşıladığı bir olguyu, yani Bakan'ın sık sık geceleri dışarıda geçirmesini ben, yalnızca polise kusursuz bir arama fırsatı sağlama ve böylece aslında G—,'nin sonuçta ulaştığı kanıyı –mektubun binada olmadığı kanısını– çarçabuk kafalarına sokma amacı güden hileler olarak gördüm. Şimdi sana ayrıntılarıyla anlatmakta güçlük çektiğim, gizlenen şeylerin aranmasında polisin değişmez hareket ilkesine ilişkin bütün düşünceler –inanıyorum ki, bütün bu düşünceler ister istemez Bakan'ın aklına da gelmiştir. Bu da onu, bütün sıradan *kuytu* gizleme yerlerini zorunlu olarak es geçmeye itti. *Onun*, otelinin en girift ve en gözden ırak kuytu köşelerinin, Komiser'in bakışlarına, yoklamalarına, delgileri-

11 Entrikacı. (Türkçe'ye çev. n.).

ne ve mikroskoplarına ortalık yerdeki bölmeleri kadar açık olduğunu göremeyecek denli akılsız olamayacağını düşündüm. Buna dayanarak, onun bir seçim meselesi olarak kasten yönelmese bile, doğal olarak *basitliğe* başvuracağını anladım. İlk görüşmemizde, bu sırrın *fazla* apaçık olmasından dolayı onu sıkıntıya sokmasının muhtemel olduğunu söylediğimde, Komiser'in ne kadar umutsuz biçimde güldüğünü belki hatırlarsın."

"Evet," dedim, "neşesini çok iyi hatırlıyorum. Gerçekten de bir ihtilâca yakalandığını düşünmüştüm."

"Maddi dünya," diye devam etti Dupin, maddi olmayan dünyayla çok sıkı benzerliklerle doludur ve bu yüzden retorik dogmaya bir hakikat rengi verilmiştir, öyle ki metafor ya da benzetme bir betimlemeyi güzelleştirmek için olduğu kadar bir argümanı kuvvetlendirmek için de kullanılabilir. Örneğin *vis inertia*[12] ilkesi, fizikte ve metafizikte özdeş görünür. Fizikte, büyük bir cismin daha küçük bir cisimden daha fazla güçlükle harekete geçirilmesi, yani sonuç olarak onun *momentumunun* bu güçlükle orantılı olması, metafizikte, daha yüksek kapasiteli zekâ sahiplerinin, daha düşük seviyeli olanlara oranla eylemlerinde daha etkili, daha sürekli, daha sonuç yaratıcı olmalarına rağmen, yine de daha az harekete geçmelerinden, daha çekingen olmalarından ve gelişimlerinin ilk birkaç adımında daha tedirgin durmalarından daha fazla gerçek değildir. Yine: dükkân kapılarının üzerindeki sokak levhalarının hangilerinin en çok göze çarptığına hiç dikkat ettin mi?"

"Hiç aklıma gelmeyen bir düşünce," dedim.

"Bir bulmaca oyunu vardır" diye devam etti, "harita üzerinde oynanan. Oyunculardan biri, diğerinden belirli bir sözcüğü –kent, nehir, devlet ya da imparatorluk ismini– kısacası haritanın rengârenk, karmaşık yüzeyinde bir sözcüğü bulma-

---

12 Eylemsizlik gücü. (Türkçe'ye çev. n.).

sını ister. Bu oyunda acemi birisi, genellikle çok küçük harflerle yazılı isimleri vererek, karşısındakini kıstırmaya çalışır; ancak usta birisi, büyük harflerle yazılmış, haritanın bir ucundan öbür ucuna uzanan türden sözcükler seçer. Çok büyük harflerle yazılmış sokak levhaları ve ilanları gibi, bunlar da, fazlaca açık oluşlarıyla gözden kaçarlar; buradaki fiziksel dikkatsizlik, zekânın, çok net ve belirgin biçimde apaçık fikirleri dikkat bile etmeden atlamasına yolaçan zihinsel kavrayışsızlığa kesinlikle benzer. Ancak öyle görünüyor ki bu, bir şekilde Komiser'in anlayışının üstünde ya da altında olan bir noktadır. O, Bakan'ın, herhangi bir şekilde görmelerini önlemenin en iyi yolu olarak, mektubu dünya âlemin gözü önüne koymasının muhtemel ya da olanaklı olduğunu bir kez bile düşünmedi.

"Ancak D—,'nin cüretkâr, gösterişli ve titiz maharetini; isabetli biçimde kullanmaya niyetliyse belgenin her zaman elinin altında olması gerektiği olgusunu ve Komiser'in, bu büyük adamın sıradan arama hudutları içinde mektubun gizlenmediği konusunda ulaştığı kesin kanıtı ne kadar düşünürsem, Bakan'ın, bu mektubu gizlemek için onu saklamaya bile kalkışmama gibi kapsamlı ve zekice bir yola başvurduğundan o kadar emin oluyordum.

"Kafam bu fikirlerle dolu, gözüme yeşil bir gözlük takıp hoş bir sabah, rastlantı eseri Bakanlık oteline uğrayıverdim. D—,'yi dairesinde, her zamanki gibi, esnerken, tembel tembel dolaşıp oyalanırken ve aşırı bezgin pozları keserken buldum. O, belki de günümüzde yaşayan gerçekten en enerjik insandır –ancak kimse kendisini görmediğinde.

"Ben de aynı ruh haline bürünerek, gözlerimin zayıflığından şikâyet ettim ve yalnızca evsahibimle sohbet etmeye niyetli görünürken, altından daireyi ihtiyatla ve tamamen gözden geçirdiğim gözlükleri takma zorunluluğundan yakındım.

"Yanında oturduğu ve üzerinde iki müzik enstrümanı ve birkaç kitapla birlikte çeşitli mektupların ve diğer evrakların, karmakarışık durduğu büyük bir yazı masasına özellikle dikkat ettim. Yine de uzun ve çok dikkatli bir incelemenin ardından, burada özellikle şüphe uyandıracak hiçbir şey görmedim.

"Sonunda, odada gezinirken gözlerim, şömine rafının ortasının hemen altındaki küçük pirinç bir tokmaktan kirli bir mavi kurdelayla sarkan, gösterişli ancak değersiz telkâri süslemeli karton bir kartvizit kutusuna takıldı. Üç-dört bölmesi olan bu kutuda, beş-altı kartvizit ve tek bir mektup vardı. Bu mektup çok kirli ve buruşuktu. Neredeyse ortadan ikiye yırtılmıştı. Sanki ilk anda değersiz görülerek tamamen yırtılıp atılması düşünülmüş, ancak hemen sonra bu fikir değiştirilmiş ya da ertelenmişti. *Çok* göze çarpacak biçimde D—, arması taşıyan büyük siyah bir mührü vardı ve zarif bir bayan eliyle D—,'ye, Bakan'ın kendisine hitaben yazılmıştı. Kutunun en üst bölmelerinden birine, gelişi güzel ve hatta görüldüğü kadarıyla küçümsenerek atılıvermişti.

"Bu mektubu görür görmez, onun aradığım mektup olduğunu anladım. Şekli şemali açısından, kesinlikle Komiser'in bize ayrıntılarıyla betimlediği mektuptan tamamen farklıydı. Bunda, mühür büyük ve siyahtı, D—, arması taşıyordu; diğerindeyse, mühür küçük ve kırmızıydı ve S– ailesinin dükalık armasını taşıyordu. Bunda, Bakan'a hitap zarif ve kadınsıydı; diğerindeyse, belirli soylu bir kişiye ait adres, dikkat çekecek biçimde belirgin ve apaçıktı; yalnızca boyutları benzerlik taşıyordu. Ancak sonra bu farklılıkların fazla *aşırılığı;* evrakın kirliliği ve yıpranmış ve buruşuk durumu, D—,'nin *gerçek* düzenli alışkanlıklarıyla öylesine uyumsuzdu ki ve göreni, belgenin değersizliği fikrine inandırma planını öylesine ima ediyordu ki; her ziyaretçinin gözü önünde olan bu belgenin aşırı dikkat çekici bu durumuyla ve bu yüzden daha önceden vardığım sonuçlara tamamen uygun olarak bütün bu şeyler, şüpheyle gelen birinin şüphesini nasıl da güçlü bir biçimde onaylıyordu.

"Ziyaretimi olabildiğince uzun tuttum ve Bakan'la, ilgisini çektiğini ve onu heyecanlandırdığını iyi bildiğim bir konu üzerinde çok canlı bir tartışmayı sürdürürken, aslında dikkatimi mektubun üzerinde perçinledim. Bu incelemede onun dış görünüşünü ve kutuya konuluş şeklini hafızama kaydettim; ayrıca sonunda, geriye kalan önemsiz şüphelerimi de giderecek bir keşifte bulundum. Evrakın kenarlarını incelerken, olması gerekenden daha çok *yıpranmış* olduğunu gördüm. Bunlar, bir kez katlanan ve klasörle sıkıştırılan sert bir kağıt, orijinal katlamayı oluşturan aynı kat yerlerinden ya da kenarlarından ters yönde yeniden katlandığında ortaya çıkan *eğri büğrü* görünümü sunuyorlardı. Bu keşif yeterliydi. Bana göre mektubun bir eldiven gibi ters-yüz edildiği, yeniden adres yazılıp yeniden mühürlendiği açıktı. Bakan'a veda ettim ve masanın üzerine altın bir enfiye kutusu bırakıp hemen ayrıldım.

"Ertesi sabah enfiye kutusu için uğradım, bir gün önceki sohbetimizi şevkle sürdürdük. Ancak biz sohbet ederken, tam da otelin pencerelerinin altından silah sesini andıran bir patlama sesi geldi ve bunu korku dolu çığlıklar ve bir kalabalığın haykırışları izledi. D—,, hemen pencereye seyirtti, onu açtı ve dışarı baktı. Bu arada ben süratle kartvizit kutusuna gittim, mektubu alıp cebime attım ve onun yerine ekmekten yapılmış bir mühürle D—, armasını hemen taklit ederek evde dikkatle hazırladığım (dış görünüş itibarıyla) onun *kopyası* olan bir mektubu koydum.

"Sokaktaki kargaşaya, tüfekli bir adamın çılgın davranışları neden olmuştu. Tüfeğini bir kadın ve çocuk kalabalığının ortasında ateşlemişti. Ancak kuru-sıkı olduğu anlaşıldı ve adamın bir deli ya da sarhoş olduğuna karar verilip kendi yoluna gitmesine müsaade edildi. Adam gittiğinde, D—, pencereden çekildi, ben planımı gerçekleştirdikten sonra zaten yanına gitmiştim. Kısa bir süre sonra ona veda ettim. Sözde deli taklidi yapan, benim tuttuğum bir adamdı."

"Ama hangi amaçla," diye sordum, "mektubu *kopyası* ile değiştirdiniz? İlk ziyaretinizde onu açıkça alıp ayrılmanız daha iyi olmaz mıydı?"

"D—," diye yanıtladı, "gözü kara ve sinirleri çelik gibi sağlam bir adam. Oteli de, kendilerini onun çıkarlarına adayan adamlarla dolu. Önerdiğin çılgınca girişime kalkışsaydım, Bakan'ın bulunduğu binadan asla sağ çıkamazdım. Paris'in iyi insanları benden bir daha haber almayabilirdi. Ancak bu düşüncelerden ayrı bir amacım vardı. Benim politik eğilimlerimi bilirsin. Bu meselede, hanımefendinin yandaşı olarak hareket ettim. Bakan, on sekiz aydır onu kontrolü altında tutuyordu. Şimdi o, Bakan'ı kontrolü altında tutuyor –çünkü mektubun kendi elinde olmadığının farkında olmayan Bakan, sanki elindeymiş gibi taleplerini sürdürecektir. Böylece, kısa zamanda kaçınılmaz biçimde kendi politik yıkımını gerçekleştirecektir. Düşüşü de, sıkıntılı olduğu kadar çabuk olacaktır. *Facilis descensus Averni*'den[13] söz edilir durur, ancak her türlü tırmanışta, Catalani'nin şarkı söyleme konusunda dediği gibi, çıkmak, inmekten çok daha kolaydır. Mevcut örnekte inen kişi için hiç sempati –en azından hiç acıma– duymuyorum. O, tam bir *monstrum horrendum*[14], bir ilkesiz dehâdır. Yine de şunu itiraf edeyim ki, Komiser'in 'yüksek mevkiden önemli bir kişi' diye adlandırdığı hanım tarafından kendine meydan okunup, kartvizit kutusunda ona bıraktığım mektubu açmak zorunda kaldığında, tam olarak ne düşüneceğini bilmeyi çok isterdim."

"Nasıl? Mektubun içine özel bir şey mi koydun?"

"Evet, – içini boş bırakmak hiç de doğru görünmedi – bu

---

13 Cehenneme inmek kolaydır. (Türkçe'ye çev. n.).

14 Korkunç canavar. (Türkçe'ye çev. n.).

aşağılayıcı olurdu. D—, bir keresinde Viyana'dayken, beni kötü bir oyuna getirmişti. Oldukça neşeli bir biçimde ona bunu unutmayacağımı söylemiştim. Bu yüzden, zekâsıyla kendisini alt eden kişinin kimliğini merak edeceğini bildiğimden, ona bir ipucu bırakmamanın yazık olacağını düşündüm. Elyazımı çok iyi tanır ve boş sayfanın ortasına şu sözleri geçirdim–

–Un dessein si funeste,

S'il n'est digne d'Atré, est digne de Thyeste.[15]

Bu sözler, Crébillon'un 'Atrée'sinde yer alır."

15 "Böylesine karanlık bir plan, Atreus'a yaraşmasa da, yaraşır Thyestes'e." Yunan mitolojisinde Atreus ve Thyestes arasındaki husumet kısaca şöyledir: Thyestes, kardeşi Atreus'un karısını ayartır ve kardeşini öldürmeyi planlar. Bunu öğrenen Atreus ise, Thyestes'in üç oğlunu öldürüp, babaları Thyestes'in onuruna düzenlenen bir ziyafette ana yemek olarak sunar. Daha sonra intikam arayan Tyestes, kendi kızı Pelopeia ile kızın haberi olmadan birleşir ve Aigisthos adlı oğlu dünyaya gelir. Sonra Pelopeia'yı oğluyla birlikte Atreus'un sarayına yollar. Atreus, kadının kim olduğunu bilmeden onunla evlenir ve Aigisthos'u da evlat olarak benimser. Onu, Thyestes'i öldürmekle görevlendirir. Ama Aigisthos, son anda bu entrikanın farkına varır ve kendi babası Thyestes'i değil, Atreus'u öldürür. (Türkçe'ye çev. n.).

Jacques Lacan:
ÇALINAN MEKTUP ÜZERİNE SEMİNER*

Und wenn es uns glückt,
Und wenn es sich schickt,
*So sind es Gedanken.***

Soruşturmamız bizi, yineleme otomatizminin (Wiederholungszwang), temelini, anlamlandırma zincirinin direnmesi adını verdiğimiz şeyde bulduğunu kavrama noktasına taşımıştır. Bizzat bu nosyonu, Freud'un keşfini ciddiye alırsak, bilinçdışının öznesini kaçınılmaz olarak yerleştirmemiz gereken *exsistence*'ın (ya da ayrıksı yerin) bir bağlaşığı olarak ayrıntılı biçimde inceledik. Bilindiği üzere, insan organizmasının, kendi varlığının en derin oyuklarında, imgesel hatlar boyunca ele geçirilişini kendisinin *simgesel* bir boyutta açığa vuruşunu psikanaliz tarafından başlatılan deneyim alanı içinde kavrayabiliriz.

Bu seminer dersi, deneyimimizin özünü temsil etmekten uzak olan bu imgesel etkilerin, yalnızca kendilerini bağlayan ve yönlendiren simgesel zincirle ilişkili olmadıkları takdirde

---

** Jacques Lacan, "Seminar on The Purloined Letter," çev. Jeffrey Mehlman, French Freud, Yale French Studies içinde, no. 48, 1972, s. 38-72.

** "Eğer talihimiz yardım ederse, / Ve işimiz de yolunda giderse, / İşte sen o zaman fikirleri gör!" Bkz., J. W. Von Goethe, Faust I, çev. Recai Bilgin, M. E. B. Yayınları, İstanbul, 1989, s. 125 (Türkçe'ye çev. n.).

deneyimimizin özünde tutarsız kalanı açığa vurduklarını öne sürmeyi amaçlıyor.

Elbette, bu imgesel biçimlenişlerin *(Prägung)* önemini, simgesel alternatifin, simgesel zincire kendi görünümünü veren bu yanlılıklarında kavrarız. Ancak biz bunun, özne için belirleyici olan bu psikanalitik etkileri yöneten bu zincirin özgül yasası olduğunu öne sürüyoruz: kendini menetme *(Verwerfung)*, bastırma *(Verdrängung)*, yadsıma *(Verneinung)* –bu etkilerin gösterenin yerinden-edilmesini (Entstellung) çok sadık bir biçimde izlediklerini ve bu yüzden imgesel faktörlerin ataletlerine rağmen, bu sürece yalnızca gölgeler ve yansımalar olarak katıldıklarını uygun bir vurguyla belirterek.

Ancak kanaatinize göre, yalnızca genel bir tipi, çalışmamızdaki özelliği sizin için temel olarak kalan ve orijinal düzenlemesi yalnızca yapay olarak bozulabilen fenomenlerden soyutlamaya hizmet ediyorsa, bu vurgu boşuna yapılır.

Bu yüzden biz, bu gün sizin için, inceleme altındaki Freud düşüncesindeki bu uğraktan –yani özneyi kuran simgesel düzenden– çıkarılabilecek hakikati, bir öyküde öznenin bir gösterenin güzergâhından aldığı kesin yönelimi tanıtlayarak betimlemeye karar verdik.

Kurgunun kendi varoluşunu olanaklı kılanın, bu hakikat olduğunu kaydedelim. Ve bu durumda bir fabl, onu açığa çıkarmak için başka bir anlatı kadar uygundur –süreç içinde fablın tutarlılığının sınamaya tâbi tutulması tehlikesi pahasına. Bu sakınımdan başka, kurgusal bir hikâye, keyfi kavrayışına inanabildiğimiz ölçüde, simgesel zorunluluğu daha saf biçimde açığa vurma avantajına da sahiptir.

Bu yüzden, daha ileri gitmeden örneğimizi, –incelemesinden ancak son zamanlarda yararlandığımız– tek mi çift mi oyunu diyalektiğinin ortaya çıktığı hikâyeden seçtik. Şüphesiz ki bu hikâyenin, zaten içinde destek bulan bir soruşturma sürecinin uygulanmasına elverişli olduğunu göstermesi rastlantı değildir. Bildiğiniz üzere, Baudelaire'in "La lettre volée" ["Çalınan Mektup"] başlığıyla çevirdiği hikâyeden söz ediyorum. İlk okumada, bir dramayı, onun anlatısını ve bu anlatının koşullarını ayırt edebiliriz.

Ayrıca, bu bileşenlerin zorunlu olduğunu, kendilerini birleştirenin niyetlerinden kaçamamış olduklarını hemen anlarız.

Aslında anlatı, dramayı, kendisi olmaksızın hiçbir *mise en scène'in* olanaklı olmadığı bir yorumla ikiye katlar. Olayın, doğrusu, sahne önünde orkestranın yer aldığı boşluktan görünmediğini söyleyelim –kesinlikle ve dramatik zorunlulukla, diyalogun bir seyirci için sahip olabileceği herhangi bir anlamdan yoksun olduğu olgusu yanında: başka bir deyişle, dramaya ilişkin hiçbir şey, söylemek cesaretinde bulunabilirsek, her sahnede anlatının, oyunculardan birinin kendisini oynarken sahip olduğu bakış açısı üzerinde ördüğü belirsizlik olmadan kavranamaz, ne görülebilir, ne de işitilebilir.

İki sahne vardır; bunlardan birincisini, doğrudan ve kesinlikle kasıtlı bir biçimde ana sahne olarak göstereceğiz; çünkü ikincisi, bugün göz önünde tutacağımız anlamda, onun tekrarı olarak düşünülebilir.

Nitekim bir mektup aldığı sırada orada yalnız olan, "yüksek mevkili kişi" adı verilen en yüksek tabakadan kişinin Kraliçe olduğundan şüphelenmemiz için, ilk sahnenin kraliyet *boudoir*'ında gerçekleştiği söylenir. Bu şüphe, bu açıklamadan önce, söz konusu mektuptan haberi olması halinde hanımefendinin onurunun ve huzurunun tehlikeye gireceği bize zaten söylenen, diğer yüksek mevkili kişinin girişi üzerine kadının düştüğü sıkıntıyla pekiştirilir. Bakan D—'nin girişiyle başlayan sahne boyunca, bu kişinin aslında Kral olduğu konusunda hiçbir şüphe bırakılmaz. Aslında o anda Kraliçe, mektubu, masanın üzerine "adres üst tarafta kalmış, içinde yazılanlar okunama[z]" biçimde bırakarak, Kral'ın dikkatsizliğinden yararlanmaktan daha iyi bir şey yapamazdı. Yine de mektup Bakan'ın keskin gözlerinden kaçmaz. Bakan, Kraliçe'nin sıkıntısını fark etmekten ve böylece onun sırrını anlamaktan da geri kalmaz. Bu andan itibaren her şey, tıkır tıkır işler. Alışılmış tarzıyla günün işleriyle ilgilendikten sonra Bakan, cebinden, önündeki mektuba görünüş itibarıyla benzeyen bir mektup çıkarır, onu okur gibi yaparak diğerinin yanına koyar. Kraliyet mensuplarını oyalamak için bir müddet daha sohbet ettikten hemen sonra, hiçbir davranışını gözden kaçırmayan Kraliçe o an hemen yanı başında duran Kral eşinin dikkatini çekme korkusuyla müdahale edemezken, hiç tereddüt etmeksizin mektubu alıp sıvışarak, bu sıkıntı kaynağı mektubu ele geçirir.

Öyleyse her şey, hiç kimsenin duraksamadığı, *bölümü [quotient]* Bakan'ın Kraliçe'den mektubunu çalması –hatta birincisinden daha da önemli sonucu– Kraliçe'nin, Bakan'ın artık mektuba hiç de masum olmayan bir biçimde sahip olduğunu bilmesi olan bir işlemin varsayımsal bir izleyicisi tarafından görünmeden gerçekleşmiş olabilir.

Kendisiyle ne yapacağını her zaman bilmeksizin önemli olan her şeyi elinde tutmak üzere eğitilmiş hiçbir analistin gözden kaçırmayacağı bir *kalan [remainder]*: Bakan tarafından bırakılan ve Kraliçe'nin buruşturup atmakta serbest olduğu mektup.

İkinci sahne: Bakan'ın bürosunda. Mektup, onun otelindedir ve polisin oteli ve çevresini, Bakan'ın mutat gece gezintileri kendilerine olanak tanır tanımaz oraya geri dönerek, son on sekiz aydır baştan aşağı aradığını –Polis Komiseri'nin, burada Poe'nun muammaları çözmedeki özel dehâsını ikinci kez ortaya koyduğu Dupin'e yaptığı açıklamadan– biliyoruz. Aramalar boşuna –herkes bu durumdan, Bakan'ın mektubu elinin altında tuttuğu sonucunu çıkarabilse de.

Dupin, Bakan'a uğrar. Bakan, onu, kasıtlı umursamazlıkla, sohbetinde romantik bezginlik pozları takınarak kabul eder. Bu arada, bu pozlara kanmayan, gözleri yeşil gözlükle saklanan Dupin, daireyi teftiş etmeye girişir. Bakışları –görünüşte, şömine rafının ortasından gösterişli biçimde sarkan adi karton bir kartvizit kutusunun bir bölmesine dikkatsizce atılıvermiş– oldukça kırışık bir evrak parçasına takıldığında, aradığı şeyi bulduğunu artık bilir. Formatı dışında aynı olan çalınan mektup hakkında sahip olduğu tarifle çelişiyor görünen belirli ayrıntılarla inancı güçlenir.

Bundan sonra, ertesi gün –mevcut durumuyla mektubun bir kopyasını yanına alarak– geri almak üzere dönmek amacıyla, enfiye kutusunu masanın üzerinde "unutarak" ayrılır. Sokakta bu uygun an için hazırlanmış bir olay, Bakan'ı pencereye çektiğinde Dupin, mektubun yerine sahtesini koyma fırsatını ele geçirip, normal bir veda görüntüsü takınmaktan başka bir şey yapmaz.

Burada her şey, gürültüsüz olmasa da en azından telaşsız biçimde gerçekleşir. İşlemin bölümü, Bakan'ın artık mektuba sahip olmaması, mektubu kendisinden gasbeden suçlunun Dupin olduğundan şüphelenmekten uzak ve bundan habersiz olmasıdır. Ayrıca kendisine bırakılan şey, izleyen gelişmeler için önemsiz değildir. Dupin'in, sahte mektubuna kaydettiği mesajın nedenine döneceğiz. Durum ne olursa olsun, mektuptan faydalanmaya kalkıştığında Bakan, Dupin'in elyazısını tanıyabilmesi için yazılmış, Dupin'in Crébillon'un *Atrée*'sinde yer aldığını söylediği şu sözleri okuyabilecek: "*...Un dessein si funeste, S'il n'est digne d'Atré, est digne de Thyeste.*" ("Böylesine karanlık bir plan, Atreus'a yaraşmasa da, yaraşır Thyestes'e.")

Bu iki sekansın benzerliğini vurgulamamıza gerek var mı? Evet; çünkü aklımızdaki benzerlik, yalnızca onların farklarını silmek için seçilen basit bir özellikler yığını değildir. Ve sonuç olarak çıkacak en küçük bir hakikat için bu ortak özellikleri diğerleri pahasına elde bulundurmak yeterli olmayacaktır. Daha çok, çözüm getirmeyi amaçladığımız iki olayın kaynaklandığı öznelerarasılık ve bir o kadar da kendileriyle onları yapılandırdığı üç terim alıkonulacaktır.

Bu terimlerin özel statüsü, kararı çabuklaştıran üç mantıksal uğrağa ve aralarında bir seçim oluşturduğu öznelere tahsis ettiği üç mekâna eşzamanlı olarak tekabül etmelerinden doğar.

Bu karara bir bakışta varılır.[16] Bununla beraber izleyen manevralar, sinsice sürdürseler de, bu bakışa hiçbir şey katmazlar, ne de ikinci sahnede fiilin ertelenmesi, bu uğrağın birliğini bozar.

Bu bakış, bu açıkta olmanın sağladığı hırsızlık olayını kendi içinde öngörerek, aldatıcı tamamlayıcılıkları içine bırakılan suiistimale ilişkin görümünde içerdiği diğer ikisini önvarsayar. Bu yüzden, üç bakışı yapılandıran, üç özne tarafından taşınan, her seferinde farklı karakterler tarafından canlandırılan üç uğrak.

Birincisi, hiçbir şeyi görmeyen bir bakıştır: Kral ve polis.

İkincisi, birincisinin hiçbir şey görmediğini gören ve sakladığı şeyin gizliliği konusunda kendisini aldatan bir bakış: Kraliçe, sonra Bakan.

Üçüncüsü, ilk iki bakışın, gizlenmiş olması gereken şeyi, onu gasbedecek kişiye karşı korumasız bıraktığını görür: Bakan ve nihayetinde Dupin.

Kendi birliği içinde bu şekilde betimlenen öznelerarası karmaşayı kavramak için, kendisini tehlikeden korumaya çalışan devekuşuna atfedilen ünlü teknikteki bir modeli bilinçli olarak araştıracağız; çünkü bu teknik, burada olduğu gibi üç ortak arasında paylaşılan bu teknik, nihayetinde politik olarak

---

16 Burada gerekli gönderme, şu metinde bulunabilir: "Le temps logique et l'assertion de la certitude anticipée," Ecrits içinde (1966a, s. 197).

nitelendirilebilir: birincisi kafasını kuma gömdüğünden dolayı, kendisinin görünmez olduğuna inanan ve her zaman üçüncüsünün kendi arkasından soğukkanlılıkla tüy çalmasına izin veren ikincisi; bizim yalnızca, devekuşunun kendisinin daima yeni bir anlam üstlenmesi için *la politique de l'autruiche [devekuşu politikası]* üreterek, onun herkesçe bilinen isimlendirilişini bir mektup aracılığıyla geliştirmemiz gerekiyor.

Yineleyici olayın öznelerarası modülü göz önüne alındığında, bu, Freud'un metninde bizi ilgilendirdiği anlamıyla kendinde bir *yineleme otomatizmi* olarak kavranmayı sürdürür. Elbette, bizim formülümüzle özetlenen perspektiflere çoktan alışık olanlar, öznelerin çoğulluğuna itiraz edemez: *bilinçdışı Öteki'nin söylemidir*. Şimdi, Irma'nın enjeksiyon rüyasını geçenlerde yeniden çözümleyişimizde ortaya konan *öznelerin birbirine karışması* nosyonunun tartışmaya kattığı şeyi akılda tutmayacağız.

Bugün bizi ilgilendiren şey, öznelerarası yineleme sırasında öznelerin kendi yerinden-edilişlerinde birbirlerinin yerine geçme tarzıdır.

Öznelerin yerinden-edilişlerinin, bir saf gösterenin –çalınan mektup– bu üçlüyü elinde tuttuğu yerle belirlendiğini göreceğiz. Ve bu, bize göre onun statüsünü yineleme otomatizmi olarak onaylayacak olan şeydir.

Bununla beraber, bu soruşturma hattını izlemeden önce, hikâyenin özünün ve ona yönelttiğimiz ilginin –çakıştıkları ölçüde– başka bir yerde bulunup bulunmadığını sormak aşırılık gibi gelmiyor.

Öykünün bize bir polis esrarı olarak anlatılması olgusunu, (sert jargonumuzda) basitçe bir rasyonalleştirme olarak görebilir miyiz?

Aslında, bir suçla ya da cürümle –onun doğasıyla ve itkileriyle, araçları ve işlenişiyle, faili bulmak için yerine getirilen prosedürle ve onu mahkûm etmek için kullanılan araçla– ilgili bu tür sırrı güvence altına alan her şeyin, burada her epizodun başında dikkatle elendiğini kaydeder etmez, bu olgunun oldukça şüpheli olduğu yargısında bulunmakta haklı olmamız gerekir.

Aslında dolandırıcılık edimi, başından itibaren, suçlunun entrikalarının ve bunların kurban üzerindeki etkilerinin açıkça bilindiği ölçüde bilinir. Bize sunulduğu şekliyle sorun, bu dolandırıcılığın nesnesinin aranması ve yerine konması ile sınırlıdır ve bize açıklandığı sırada çözümün zaten elde edilmiş olması oldukça kasıtlı görünür. Bu, bizi merakta bırakma tarzı mıdır? Okurda özel bir ilgi uyandırmak için bir türün geleneklerine ne kadar itibar edebilirsek edelim, şunu unutmamalıyız ki, "Dupin hikâyesi" –ortaya çıkan bu ikincisi– bir prototiptir ve tür birincisinde kurulmuş olsa bile, yine de yazarın bir geleneği istismar etmesi için biraz erkendir.

Bununla beraber, bütün meseleyi, evliliğin huzuru için bazen gizliliği gereken mektuplardan birini meraklı bakışlardan korumak için, önemli mektupları masanın üzerinde, yazılı tarafı alta gelecek şekilde açıkta bırakmanın yeterli olduğu tarzında ahlâk dersi çıkarılabilecek bir fabla indirgemek aynı şekilde aşırılık olur. Çünkü bize göre bu, umutlarında ciddi biçimde hayal kırıklığına uğramasın diye kimseye asla denemeyi tavsiye etmeyeceğimiz bir aldatmacadır.

Öyleyse burada, Komiser'e ilişkin başarısızlıkla sonuçlanan bir beceriksizlikten başka hiçbir sır olmayabilir –bu değilse bile, Dupin'e ilişkin, bir yandan her zaman çok uygun olmasa da kendi genellikleri içinde bize metodunu sunduğu ifadelerini tam olarak anlama ve diğer yandan aslında onun müdahale ettiği tarz arasında kabul etmekte tereddüt ettiğimiz kesin bir uyumsuzluk dışında başka hiçbir sır olmayabilir.

Bu gizemleştirmenin anlamını biraz daha derinleştirirsek, kahramanların konumunu yalnızca vodvilden kurtaran bu başlangıç sahnesinden, sonunda Bakan'ı bekler görünen gülünç duruma düşüşe kadar haz almamızı sağlayan şeyin, herkesin kandırıldığına dair bu izlenim olup olmadığını merak etmeye hemen başlayabiliriz.

Ve bizi okuyan sizlerin kanaatleriyle birlikte, bu kanaatte, bir keresinde "son derece karmaşık ortamlarda gülünç suiistimallerin yücelttiği"[17] modern kahramandan söz ederken yaptığımız tanımı fark edeceğimiz için, büyük ölçüde böyle düşünme eğiliminde oluruz.

Ancak bir modern kabadayı prototipi olan, yine de çağdaş süperman'imizin sönüklüğünden uzak olan amatör dedektifin heybetli mevcudiyetine aldanmıyor muyuz?

Bu hikâyede ayırt edeceğimiz... bir hile, aksine o kadar kusursuz biçimde gerçeğe benzer ki, hakikatin, kendi kurgusal düzenlemesini burada açığa vurduğu söylenebilir.

Çünkü bu tür bir hakikat, aslında, bu gerçeğe benzeyiş ilkelerinin bizi sevkettiği istikamettir. Onun stratejisine girerek, esasen, birincisinin tamamlayıcısı diyebileceğimiz yeni bir dramayı, birincisi sözsüz bir oyun olarak isimlendirildiği ölçüde, ilgisi sözün özelliklerini suiistimal eden yeni bir dramayı kavrarız.[18]

Eğer bu gerçek dramanın iki sahnesinden her birinin farklı bir diyalog boyunca anlatıldığı açıksa, yalnızca başlangıcın çekiciliğinin arttırılmasının fark edilebilmesi değil, diyalogların kendilerinin, sözün güçlerini karşıt kullanımlarıyla, onları farklı bir drama, sözdağarımızın simgesel düzende ısrar etmesiyle birincisinden ayırt edeceği bir drama haline getiren

---

17 Krş., "Fonction et champ de la parole et du langage," Ecrits içinde (1966a, s. 244); "The Function and Field of Speech and Language in Psychoanalysis," Ecrits: A Selection içinde (1977, s. 36).

18 Aşağıdakilerin tam olarak anlaşılması, uzun olmayan ve kolayca bulunacak "Çalınan Mektup" metninin yeniden okunmasını öngerektirir.

bir gerilimi üstlenmelerinin de fark edilebilmesi, ancak dersimizde ortaya konulan bu nosyonlara giriş aracılığıyla olur.

Polis Komiseri ve Dupin arasındaki birinci diyalog, sağır bir adamla işiten bir adam arasındaki diyalog şeklinde gerçekleşir. Yani iletişim nosyonunda sıradan biçimde basitleştirilmiş olan şeyin gerçek karmaşasını, en karmaşık sonuçlarla sunar.

Aslında bu örnek, bir iletişim eyleminin, teorisyenlerin de çoğu kez kendisine takılıp kaldıkları bu izlenimi nasıl verebileceğini tanıtlar: anlayan onu oldukça anlamlı bir yorumla birleştirse de, anlamayan tarafından kavranamadığından, iletiminde sıfır olarak düşünülebilen tek bir anlama olanak tanıma izlenimi.

Diyalogun anlamı bir açıklama olarak ele alınırsa, gerçeğe benzeyişi bir kesinlik güvencesine dayanıyor görünebilir. Ancak burada diyalog, taktiklerini tanıtlayabilirsek, göründüğünden daha verimli olabilir: görüleceği üzere birinci sahnemizin yeniden anlatılışı üzerine odaklanarak.

Sahnenin bize ulaştırıldığı ikili ve hatta üçlü öznel filtreden dolayı: Komiser'in, Kraliçe'nin kendisine verdiği beyanı Dupin'e aktardığı açıklamanın Dupin'in dostu ve ortağı (bundan böyle öykünün genel anlatıcısı olarak adlandırılacak) tarafından anlatımı, yalnızca rastlantısal bir düzenlemenin sonucu değildir.

Eğer, gerçekten ilk anlatıcının indirgendiği sınır, olaylardan herhangi birini değiştirmesini engellediyse, söylemeye cesaret edebilirsek, bu vakada, üzerinde imtiyaza sahip olduğu bu imgelem eksikliğiyle Komiser'in, ilk anlatıcının sözcüsü olma yetkisiyle donatıldığına inanmak yanlış olacaktır.

Mesajın bu şekilde yeniden iletilmesi olgusu, hiçbir şekilde sorgusuz sualsiz kabul edilemeyecek olan şey hakkında bize güvence verir: yani dil boyutuna ait olduğu hakkında.

Burada bulunanlar, özne konusundaki değerlendirmelerimizi, özellikle de arıların dili adı verilen karşıt-örnekle betimlenen değerlendirmelerimizi bilirler; bir dilbilimci , bu karşıt-örnekte yalnızca nesnelerin yerlerine basit bir işaret edişi, başka bir deyişle, yalnızca diğerlerinden ayırt edilmiş imgesel bir işlevi görebilir.

Bu tür bir iletişim biçiminin, insanda yok olmadığını, sürekli olmasa da, insan için doğal olarak verili bir nesne olabileceğini, aslında simgelere tâbi oluşunda parçalanmış olarak bulunabileceğini vurguluyoruz.

Eşdeğer bir şey, şüphesiz ortak bir nesneye ilişkin nefretleriyle iki kişi arasında kurulan paylaşımda kavranabilir: buluşmanın, bu ikisinin her birinin direndikleri bireysel özelliklerle belirlenen yalnızca tek bir nesne üzerinde olanaklı olması dışında.

Ancak bu tür bir iletişim, simgesel biçimde kurulamaz. O, yalnızca nesneyle ilişki içinde sürdürülebilir. Bu yolla o, sayısız özneyi ortak bir "ideal"de bir araya getirebilir: kalabalıkta bir öznenin bir diğeriyle bu şekilde kurulan iletişimi, yine de tarifi olanaksız bir ilişkiyle indirgenemez biçimde dolayımlanmış olarak sürecektir.

Bu ara söz, yalnızca bizi sözel-olmayan iletişimi ihmal etmekle suçlayanlara soğuk bir biçimde hitap eden ilkelere ilişkin bir hatırlatma değildir: sözün yinelediği şeyin alanını belirlerken semptomların neyi yinelediği sorusunu hazırlar.

Böylece, dolaylı anlatım dilbilimsel boyutu eleyerek ayırır ve genel anlatıcı onu kopyalama yoluyla "varsayımsal olarak" ona hiçbir şey eklemez. Ancak onun ikinci diyalogtaki rolü, tamamen farklıdır.

Çünkü dilde başka bir yerde ayırt ettiğimiz, sözcüğün sözle karşıtlaştığı şekilde karşıtlaşan kutuplar gibi, ikinci diyalog, birinci diyalogla karşıtlaştırılacaktır.

Bu, burada kesinlik alanından hakikatin kaydına bir geçişin yapıldığı anlamına gelir. Şimdi, bu kayıt –buna geri dönmeye gereksinim duymadığımızı düşünmeyi göze alalım– tamamen farklı bir yere, doğrusunu söylemek gerekirse, tam da öznelerarasılığın temeline yerleştirilir. O, öznenin, bir Öteki'ni mutlak olarak kuran öznelliğin kendisinden başka hiçbir şeyi kavrayamadığı yere yerleştirilir. Burada, gösterenin sözle ilişkisinin diyalogu sona erdiren temennide ortaya çıktığı yoksunluk durumuyla bize bir Yahudi fıkrası gibi görünen diyaloga başvurarak onun yerine işaret etmekle yetineceğiz: bir karakter "Niçin bana yalan söylüyorsun?" diye soluk soluğa bağırıyor. "Evet, aslında Krakov'a gidiyorken, Lemberg'e gidiyor olduğuna inanmam için Krakov'a gidiyor olduğunu söyleyerek niçin bana yalan söylüyorsun?"

Bir sahte mürit tarafından bize sır olarak verilmeleri olgusu, bu delagasyon edimi aracılığıyla onlara yeni bir boyut kazandırmıyorsa, Dupin'in metoduna bir giriş olarak bize sunulan mantıksal kördüğümler, tartışmalı muammalar, paradokslar ve hatta jestler seli, benzer bir soruyu sormamıza yolaçabilir. Bu, mirasların yanlış anlaşılması olanaksız büyüsüdür: tanığın doğruluğu, tanıklığının bütün eleştirisini körleştiren ve örtbas eden bir kılıftır.

Ayrıca, bir insanın masaya bütün kartlarını açması tavrından daha inandırıcı ne olabilir? Hatta öyle ki, bir an için sihirbazın aslında, vaat ettiği gibi, hilesini nasıl gerçekleştirdiğini gösterdiğine ikna oluruz; oysa onu yalnızca daha saf biçimde yinelemiştir: bu noktada, gösterenin öznedeki egemenliğinin ölçüsünü anlarız.

Bu, yine de ilk teorik inceleme düzeyine ulaşamadığını gösterdiğimiz rakiple özdeşleşme hilesiyle, yani yinelemenin desteklenmesinde hemen duraksamaksızın öznelerarası değişme hilesiyle tek mi çift mi oyununda bütün arkadaşlarını yenen harika çocuğun öyküsünü anlatmaya başladığında Dupin'in manevrasıdır.[20]

Yine de bize –dumana boğulmuşken– çocuğun müthiş ustalığıyla karşılaştırıldığı andan itibaren ünleri artık değersiz görünen La Rochefoucauld, La Bruyère, Machiavelli ve Campanella isimlerinden sözedilir.

Bunların arkasından, "bahse girilebilir ki, halkın her fikri, benimsenen her uzlaşım, çoğunluğa uyduğu için aptalcadır" vecizesi, şüphesiz yasasından, yani daha doğrusu çoğunluktan kaçtığını düşünen herkesi tatmin edecek olan Chamfort gelir. *Analiz* teriminin ayrıca diğer kullanımlar için özgürleştirilmesi bir psikanalisti müdahaleye ve hak talep etmeye hiçbir şekilde kışkırtmaması gerektiğinden, Dupin'in *analiz* sözcüğünü cebire uyguladıkları için Fransızlar'ı düzenbazlıkla suçlaması, gururumuzu incitmeyecektir. Burada Dupin, herhangi bir Latincesevere olumlu olarak haz vermesi gereken filolojik değinilerde bulunmaya çalışır: başka bir şey söylemeye tenezzül etmeksizin, "'*ambitus*' 'hırs', '*religio*' 'din' ya da '*homines honesti*' 'onurlu adamlar'" anlamına gelmez hatırlatmasında bulunduğunda, içinizden kim bu sözcüklerin Cicero'ya ve Lucretius'a aşina olan birine ifade ettiği anlamları... hatırlamaktan hoşlanmaz. Şüphesiz Poe, hoş vakit geçiriyor...

Ancak içimizde bir şüphe doğar: bu bilgelik gösterisi, bize dramamızın anahtar sözcüklerini gösterme amacına yönlendirilemez mi? Sihirbaz, bu kez sırrını açığa vurma konusunda bizi aldatmadan, biz bir şey görmeden onu bize gerçekten açıklayacağına bahse girerek, gözlerimizin önünde hilesini yi-

---

20 Krş., Ecrits (1966a, s. 58). "Ancak hamle yaparken kendisini izleyecek kadar zeki olduğumu fark eden rakip, beni aldatmanın en iyi olanağının aptal rolü yapmak olduğunu fark ederek kendi kurnazlığını gösterdiğinde (oyunda) bir sonraki elde ne olacak? O andan itibaren akıl yürütmem geçersizleşir, çünkü bu yalnızca sonsuz bir salınım içinde yinelenebilir."

nelemiyor mu? İllüzyonistin sanatının doruk noktası *bu* olacaktır: *bizi gerçekten kandıracak* kurgusal yaratılarından biri aracılığıyla. Ve herhangi bir kasıt olmaksızın, bir takım imgesel kahramanlara gerçek karakterlermiş gibi göndermede bulunmamızı haklılaştıran, bu tür etkiler değil midir?

Ayrıca, Martin Heidegger'in *aletheia* sözcüğü içinde bize hakikat oyununu açma tarzını işitmeye başladığımızda, hakikatin, kendi sevenlerini daima ortak ettiği ve onların, bu gizlenişte hakikatin kendisini *en gerçek şekilde* sunduğunu öğrendikleri bir sırrı yeniden keşfederiz.

Bu yüzden Dupin'in yorumları, kendilerine inanmamız için, bize böylesine açık biçimde meydan okumasalar bile, biz hâlâ karşıt ayartmaya karşı bu girişimi yapmak zorunda kalırdık.

Bizden yakayı kurtardığı *[dépiste]* yerde, onun ayak izlerini takip edelim *[dépistons]*[21] ve her şeyden önce de Komiser'in başarı eksikliğini açıkladığı eleştiride. Daha ilk sohbette, Komiser'in yalnızca bir kahkaha vesilesi olarak görüp dikkate almadığı o sinsi alaylarda bu başarı eksikliğinin ortaya çıktığını gördük. Dupin'in de ima ettiği üzere, bir sorunun fazlaca basit, aslında fazlaca açık olmasından dolayı karmaşık görünebilmesi, onun için kahkahalarla gülmekten başka bir anlamı asla taşımayacaktır.

Her şey, bizde bu karakterin embesilliğine dair bir duygu uyandırmak için düzenlenir. Bu, onun ve yardımcılarının sıra-

---

21 Freud'un buna başladığı (krş., La Psychanalyse, I:5-16) hatalı filolojik yolu hâkimane biçimde düzelttikten sonra, Benveniste'e, (ilksel ya da diğer) sözcüklerin karşıt anlamına ilişkin soruyu yine sormak istiyoruz. Çünkü gösterge örneği geliştirilir geliştirilmez, sorunun eksiksiz devam ettiğini düşünüyoruz. Bloch ve Von Wartburg, dépister fiilinin, cümlemizde kullandığımız ikinci anlamıyla ilk defa ortaya çıkışını, 1875 tarihine kadar geri götürürler. [Bkz., Benveniste 1971, 65-75.]

dan bir hırsızın bir nesneyi saklamak için düşündüğü şeyin, yani kesinlikle çok iyi bilinen sıradışı bir dizi gizleme yerinin ötesinde hiçbir şeyi asla kavramadıkları olgusuyla güçlü bir biçimde dillendirilir: bunlar, gizli masa çekmecelerinden, çıkartılabilir masa üstlerine; ayrılabilir sandalye minderlerinden, onların oyulmuş ayaklarına; aynaların arkalarından, kitap ciltlerinin "kalınlık"ına varıncaya kadar, bizim için derhal listelenir.

Arkasından, Komiser'in, Bakan'ın bir şair olduğu için deli olmaktan uzak olmadığı çıkarımında bulunma hatasındaki bir alay anı gelir; bu hatanın, bütün delilerin şair olduğu sonucunu çıkarmaktan uzak olmadığı için, basitçe orta terimin yanlış dağıtılmasından meydana gelen, ama görmezden gelinemeyecek bir hata olduğu öne sürülür.

Evet, gerçekten. Ancak gizleme sanatında şairin –ayrıca bir matematikçi de olsa– üstünlüğü konusunda aydınlatılmayız –bildiğim kadarıyla formüllerine asla kendilerini aklın kendisiyle özdeşleştirecek kadar düşkünlük göstermeyen matematikçilerin akıl yürütmesine karşı yöneltilen kötü argümanlar karmaşasına sürüklendiğimizden dolayı takibimiz aniden engellenir. En azından, Poe'nun deneyimi olarak görünen şeyden farklı biçimde –burada hazır bulunması, bileşimsel çözümlemeye sızmalarımızın bizi yanlış yola sevketmemesinin bir güvencesi olan dostumuz Riguet ile birlikte– beklenmedik bir saldırıyı –burada Poe'nun yalancısıyız– savuşturmak zorunda da kalmaksızın, zaman zaman "x^2+px'in hiç de q'ya eşit *olmadığı*" şüphesini doğuracak kadar ciddi sapmalarla (Poe'ya göre gerçek saygısızlıklarla) karşılaştığımızı doğrulayalım.

Öyleyse, basitçe dikkatimizi, daha önce belirtilen şeyden, yani polisin *her yere* baktığı gerçeğinden başka bir yöne çekmek için bu kadar çok kafa yormak fazla değil mi? Hikâyenin ilginçliğinin kendisini tamı tamına kabul etmemize bağlı olduğu bu gerçeği –haklı olarak polisin mektubun bulunabileceğini varsaydığı alana göre– (şüphesiz teorik) bir yer tükenişi açısından anlamalıydık. İşlemin yönetici ilkesi, bütün binanın numaralandırılmış "bölmelere" ayrılması bize öylesine kesin sunulur ki, arama yapanların yoklamalarından "hiçbir şey"in kaçamayacağı söylenir. Öyleyse, mektubun nasıl olup da *hiçbir yerde* bulunmadığını sorma hakkına ya da daha çok Dupin'in keşfinin nihayetinde kanıtladığı üzere, aslında didik didik edilen alan mektubu içerdiği için, daha geniş kapsamlı gizleme kavrayışı konusunda bize söylenen şeyin, bütün katılığıyla mektubun algılanmaktan kaçtığını açıklamadığını gözlemleme hakkına sahip olmuyor muyuz?

Öyleyse bütün nesneler arasında bir mektuba, Roget adıyla bilinen sözlüğün Piskopos Wilkins'in göstergebilimsel ütopyasından aldığı bir terimi kullanırsak, *nullibiety [hiçbir yerde bulunmama]* niteliği bahşedilmiş mi olmalı?[22]

Mektup ve yer arasında, hiçbir Fransızca sözcüğün İngilizce odd sıfatının tam bir uzantısı olmadığı ilişkilerin bulunduğu açıktır ("biraz *fazla* apaçık")[23]. Baudelaire'in düzenli biçimde bu sözcüğe karşılık olarak kullandığı bizarre yalnızca yakın bir karşılıktır. Diyelim ki, bu ilişkiler ... tuhaftır [singuliers], çünkü bunlar, gösterenin yerle sürdürdüğü ilişkilerdir.

Elbette, niyetimizin onları "çapraşık" ilişkilere dönüştürmek olmadığını ya da kendisini tinsel bir mesajla alsak bile, amacımızın mektubu tinle karıştırmak olmadığını, gösterenin –muhtemelen anlamaya başlıyorsunuz– ölüm etkisini ortaya çıkarttığı kadarıyla, biri canlandırırken diğerinin öldürdüğünü kolayca kabul ettiğimizi fark ediyorsunuz. Ancak öncelik-

22 Jorge Luis Borges'in, konumuzun türüyle çok uyumlu eserlerde, diğerlerinin uygun ölçülerine indirgediği bir önemi bahşettiği bir terim. Krş., L'es Temps Modernes, Haziran-Temmuz 1955, s. 2135-2136 ve Ekim 1955, s. 574-575.

23 Vurgu yazara aittir.

le üzerinde ısrar ettiğimiz şey, gösterenin maddeselliği ise, bu maddesellik pek çok bakımdan *tuhaftır [singulière]*; bunlardan ilki, onun bölünmeyi kabul etmeyişidir. Bir mektubu küçük parçalara ayırın, o, mektubun kendisi olarak kalır –ve bu Gestalttheorie'den tamamen farklı bir anlamda, onun bütüne ilişkin nosyonunu haber veren gizli dirimselciliğiyle açıklamada bulunabilir.[24]

Dil, hükmünü onu işitmeyi bilene bırakır: harfi tarifin belirtici edat olarak kullanımı aracılığıyla. Orada, bu tin –eğer bu tin yaşayan anlamsa– harfinden daha fazla nicelik için kullanışlı olarak tuhaf bir biçimde ortaya çıkar. Anlamın kendisiyle başlamak, şunu söylememizi sağlar: tıpkı bir eylemde bir niyet ["*de* l'intention"] ölçütü fark etmemiz ya da daha fazla aşk ["plus *d'*amour"] olmadığı için kederlenmemiz ya da kin besleyip ["*de la* haine"] sadakati tüketmemiz ["*du* dévouement"] gibi anlamla zengin *["plein de* signification"*]* ve bu kadar çok tutkuyla dolu ["tant d'infatuation"] bir söz, her zaman erkekler arasında satılık popo ["*de la* cuisse"] ve kavga olacağı gerçeğiyle kolayca uyuşur.

Ancak mektuba gelince –ister tipografik karakteriyle mektup [epistle] olarak alınsın ister bir edebiyat olgusu olarak alınsın– söylenen şeyin, *mektuba göre [è la lettre]* anlaşılacağını, *bir mektubun [une lettre]* postahanede sizi beklediğini ya da hatta *mektuplardan* haberdar kılındığınızı *[que vous avez des lettres]* söyleyeceğiz *–mektubun [de la lettre]* herhangi bir yerde olduğunu, bağlamın ne olduğunu, gecikmiş mektupları belirtmek için bile asla söylemeyeceğiz.

---

24 Bu, o kadar doğrudur ki, filozoflar, tekil ve çoğuldan hareketle tartıştıkları beylik örneklerde, ortadan kesilmiş basit bir parça beyaz kağıdı ve kesik bir daireyi, aslında parçalanmış bir vazoyu, ayrıca kesilmiş bir solucanı aynı amaç için kullanmayacaklardır.

Çünkü gösteren, doğası itibarıyla yalnızca yokluğun simgesi olarak kendi biricikliği içinde bir birimdir. Bu yüzden, çalınan mektubun diğer nesneler gibi, belirli bir yerde olması *ya da* olmaması gerektiğini değil, nereye giderse gitsin, diğer nesnelerden farklı olarak nerede olacağını ve olmayacağını söyleyebiliriz.

Aslında, polise ne olduğuna daha yakından bakalım. Onların incelemelerine sunulan alanın aranmasında kullanılan prosedürler konusunda bize anlatılmayan hiçbir şey kalmadı: mekânın en önemsiz bir şeyin algılamadan kaçamayacağı bölmelere ayrılmasından, minderleri yoklayan iğnelere kadar ve ahşabı tıklatmanın olanaksız olduğu durumlarda, oyuğunun yüzeyinde, gerçekten de en ufak deliğin son derece küçük boşluğunda herhangi bir delgi tozunu gösteren bir mikroskoba kadar. Kitapların sayfalarını sallamakla yetinmeyen polisin, işi onları tek tek çevirmeye kadar vardırırken, bizzat mekânın yapraklarını bir mektup gibi saçtığını görmüyor muyuz?

Ancak dedektifler, o kadar sabit bir gerçek nosyonuna sahiptirler ki, araştırmalarının bu nosyonu kendi nesnesine dönüştürme eğiliminde olduğunun farkına varamazlar. Kendisiyle bu nesneyi bütün diğerlerinden ayırt edebilecekleri bir özellik.

Şüphesiz ki bunu onlardan beklemek, onların kavrayış eksikliğinden çok bizim kavrayış eksikliğimizden dolayı aşırılık olacaktır. Çünkü onların embesilliği, ne bireye ne de ortak türe aittir; bu embesilliğin kaynağı özneldir. Bu, bir el onu yeryüzünün derinliklerinde ne kadar derine yerleştirmeye çalışsa da, hiçbir şeyin oraya asla gizlenmeyeceğini, çünkü başka bir elin onu daima ele geçirebileceğini ve bir kütüphanede kayıp bir kitaptan sözederken, kitap fişinin onu ifade etmesi gibi, gizlenen şeyin, asla *kendi yerinde olmayan* şeyden başka bir şey olmadığını gözlemlemeye ara vermeyen realistin embesilliğidir. Ve bu kitap, bitişikteki rafta ya da yanı başındaki yerde olsa bile, ne kadar açık biçimde görünse de, oraya gizlenmiş olacaktır. Çünkü bir şeyin yerinde olmayışından, ancak onu değiştirebilen şeye, yani Simgesele ilişkin olarak *tamı tamına [à la lettre]* söz edilebilir. Çünkü, kendisini hangi karışıklığa tâbi kılarsak kılalım, gerçek daima yerindedir; onu kendisinden uzaklaştıracak şeyden habersiz, topuğuna yapışmış karışıklığı taşır.

Ve bizim polislere dönersek, mektubu gizlendiği yerden kim almıştı, mektubu nasıl ele geçirebilirlerdi? Parmakları arasında dönen, tuttukları, ancak onların tarifine *yanıt vermeyen* şeyde. "A letter, a litter" *["Bir mektup, bir süprüntü"]:* Joyce'un çevresinde, İngilizce iki sözcüğün eşsesliliğinden yararlanırlardı.[25] Ne de görünüşte polisin o an aradığı bir çeşit döküntü, neredeyse ortadan ikiye yırtılmış olduğundan öteki doğasını açığa vurur. Başka renkte farklı bir çapkınlık mührü, adreste farklı bir el yazısı işareti, burada en korunaklı gizleme tarzlarıdır. Ve bilindiği üzere o dönemde, alıcının adresinin yazıldığı mektubun ters tarafında duruyorlarsa bu, onlar için mektubun öteki yüzü değil, tersi olduğundan dolayıdır.

Aslında onun ön yüzünde [obverse] neyi bulabilirlerdi? Sık sık sibernetik hazzımız için söylendiği üzere, onun mesajını mı?... Ancak şimdi bu önemsiz kağıt parçası orijinal kayıttan aşağı kalmayacak biçimde onu temsil ettiğinden dolayı, bu mesajın zaten alıcısına ulaştığı ve hatta ona bırakıldığı aklımıza gelmiyor mu?

Bir mektubun işlevini gerçekleştirdikten sonra yazgısını tamamladığını kabul edersek, iade edilen mektuplar seremonisi, aşkın beslendiği ateşlerin sönüşüne pek de yaygın olmayan bir son olacaktır. Gösteren işlevsel değildir. Eğer mektubun kendisi tek bir anlamla yetinseydi, eğlenceli oyunlarını izledi-

---

25 Krş., Our Examination Round His Factifuation for Incamination of Work in Progress (Shakespeare & Co., 12 rue de l'Odéon, Paris, 1929).

ğimiz kibar toplumun hareketinin de, hiçbir anlamı olmayacaktı. Çünkü bir polis ekibini varlığı konusunda bilgilendirmek, onu sır olarak saklamaya uygun bir araç olmayacaktı.

Hatta mektubun, Kraliçe için, Bakan tarafından anlaşılan anlamdan (daha zorunlu değilse bile) tamamen farklı bir anlama sahip olduğunu kabul edebiliriz. Bilgilendirilmemiş bir okur için kesinlikle anlaşılmaz olsa bile, olaylar dizisi, dikkate değer biçimde etkilenmeyecektir.

Çünkü elbette bu herkes için böyle değildir, zira herkese alay konusu olarak Komiser'in bizi gururla temin ettiği üzere, "bu belgenin, ismi gizli kalması gereken" (aslında gün gibi ortada olan bir isim) "üçüncü bir kişiye ifşa edilmesi halinde bu, çok yüksek mevkiden önemli bir kişinin onurunun lekelenmesine yol açar" ve "bu ünlü kişi"nin "onuru ve huzuru böylesi tehlike altında" kalır.

Bu durumda mesajın yalnızca anlamının değil, metninin de dolaşıma girmesi zararsız görünebileceği ölçüde tehlikeli olacaktır; çünkü böylece mektubu elinde bulunduranlardan biri tarafından gerçekleştirilen kasıtsız bir düşüncesizliğin tehlikeleri artacaktır.

Öyleyse hiçbir şey, polisi bulunduğu konumdan kurtaramaz ve hiçbir şey onların "kültür"ünü geliştirmekle değişmez. *Scripta manent [Yazı kalır]:* onlar hümanizmin lüks bir baskısından *verba volant*'la *[Söz Uçar]* biten bu veciz dersi boşu boşuna öğrenirler. Tanrı'ya şükür ki yazı kalır, konuşulan sözler için bu, daha fazla doğrudur: çünkü sözün silinmez borcu, kendi aktarımlarıyla eylemlerimize nüfuz eder.

Yazılar, çılgın meblağdaki boş çekleri havaya savurur. Ve onlar böyle uçan yapraklar olmasalardı, çalınan mektuplar olmayacaktı.

Ne fark eder ki? Çünkü bir çalınan mektubun varolması için, bir mektubun kime ait olduğunu sorabiliriz. Ancak biraz önce, yakın zamanda bir mektubun çok önemli bağlılık nişanesini kanatlandırıp uçuran kimseye onun geri dönüşündeki örtük tuhaflığı vurguladık. Ve genellikle, Şövalye d'Eon'un yazışmalarının bir kaçını oldukça acınacak bir duruma soktuğu yayın gibi, vakitsiz yayınların yakışıksız olduğunu düşünürüz.

Öyleyse, üzerinde göndericisinin bazı haklarını taşıyan bir mektup, tamamen gönderildiği kişiye ait olamaz mı? Ya da gönderilen kişinin asla gerçek alıcı olmaması ihtimal dâhilinde midir?

Bir bakalım: önce muğlak meseleler olarak görünen şeyde bir açıklama bulacağız: hikâyenin bizi gerçekten de mektubun içeriğinden olduğu kadar, göndereninden de tamamıyla habersiz bırakması olgusu. Bize yalnızca Bakan'ın adresin elyazısını hemen fark ettiği söylenir ve yalnızca rastlantısal olarak, Bakan'ın kamuflajı konusundaki bir tartışmada, orijinal mühürün, S— ailesinin dükalık armasını taşıdığından söz edilir. Mektubun içeriğine gelince, yalnızca belirli bir üçüncü kişinin eline geçmesi durumunda içerdiği tehlikeleri, onun mülkiyetinin, Bakan'a, ilgili şahıs üzerinde kendisine güvence sağlayan gücü "politik amaçlar için çok tehlikeli bir boyutta kullanma" olanağı tanıdığını biliyoruz. Ancak bütün bunlar, mektubun taşıdığı mesaj hakkında bize hiçbir şey söylemez.

Aşk mektubu ya da komplo mektubu, ihanet mektubu ya da misyon mektubu, davet mektubu ya da dert mektubu olsun, biz yalnızca tek bir şeyden emin oluruz: Kraliçe, Kralı'nın ve efendisinin ondan haberdar olmamasını istiyor.

Şimdi, burjuva komedisinde sahip oldukları itibarsızlaştırma nüansını taşımaktan uzak olan bu terimler, Kraliçe'nin şüpheli bir sadakat yeminiyle bağlı olduğu Kralı'nı ima etme yoluyla belirli bir önem kazanırlar, çünkü onun eş olarak rolü, tebaa olarak görevlerini hafifletmez, daha çok onu, krallığın yasaya göre iktidarla somutlaştırdığı şeyin muhafızlığına yükseltir: ve bu meşruiyet olarak adlandırılır.

Buradan itibaren, Kraliçe'nin mektubu tâbi tuttuğu değişiklikler ne olursa olsun, alıcı anlaşmayı kabul etmese bile, mektup, bir anlaşma simgesi olarak kalır; mektubun varlığı, Kraliçe'yi, sadakatini kuran zincire yabancı bir simgesel zincire yerleştirir. Bu uyumsuzluk, mektubun mülkiyetinin meşru olarak alenen ortaya çıkarılmasının olanaksız olması ve bu mülkiyete saygı duyulmasının sağlanması için, ayrıcalığı mülkiyetin çiğnediği onura dayalı olan Kraliçe'nin yalnızca mahremiyet hakkını kullanabilmesi olgusuyla kanıtlanır.

Çünkü inayet ve krallık figürünü somutlaştıran Kraliçe, iktidarı uygulamadan bir özel iletişimi de hoş karşılayamaz, el altından olmaksızın kralın sırlarından yararlanamaz.

Buradan itibaren, mektubun yazarının sorumluluğu, onu elinde bulunduranın sorumluluğundan daha az önem taşır. Çünkü majesteye yönelik suç, *vatan hainliğiyle* eşdeğerdir.

Elinde bulunduran diyoruz, *sahip olan değil*. Çünkü alıcının mektuba sahipliğinin, mektubu ele geçiren başka birinin sahipliğinden daha az tartışmalı olmayabileceği açık hale gelir; çünkü mektubun varlığına ilişkin hiçbir şey, mektubun haklarını çiğnediği, kendisi hakkında yargıda bulunmak zorunda olan kişi olmaksızın uygun bir düzene geri döndürülemez.

Yine de bütün bunlar, mektubun gizliliğinin savunulamaz olmasından dolayı bu sırra ihanetin bir anlamda onurlu olacağını ima etmez. *Honesti homines,* iyi insanlar cezadan kolay kolay yakayı kurtarmayacaklar. Birden fazla *religio* vardır ve o, kutsal bağların bizi ikiye ayırmaya son vereceği gelecek için eleştirilmez. *Ambitus*'a gelince: bir dolambaçlı yolun her zaman hırs tarafından esinlenmediğini görürüz. Çünkü burada dolambaçlı bir yola girersek, hiçbir şekilde o, çalınmış [stolen] (sözcük uygundur) değildir, çünkü kartlarımızı masaya serersek, Baudelaire'in başlığını, yanlış biçimde iddia edildiği gibi, gösterenin uzlaşımsal doğasını değil, gösterilenle ilişkisinde onun önceliğini vurgulamak için ödünç aldık. Yine de Baudelaire, bağlılığına rağmen başlığını "la lettre volée" (çalınan mektup) şeklinde çevirerek Poe'ya ihanet etmiştir: aşırılan mektup [purloined letter], kullanımından çok etimolojisini betimlemenin bizim için daha kolay olacağı ölçüde nadir bir sözcüğü içeren bir başlık.

Oxford Sözlüğü, *purloin*'in Anglo-Fransızca bir sözcük olduğunu belirtir, yani: *purpose, purchase, purport* sözcüklerinde bulunan pur- önekiyle ve eski Fransızca *loing, loigner, longé* sözcüklerinden yapıldığını. İlk unsurda, *(ante* karşılaşacağı şeye karşı çıkmaya ilerlerken) kendisini taşıyanın önünde bir artçıyı muhtemelen kendi güvencesi olarak, hatta açıkçası kendi senedi olarak önvarsaydığı kadarınca, Latince *ante*'ye karşıt olarak *pro-* önekini fark ederiz. İkinciye gelince, eski bir Fransızca sözcük, yeri niteleyen bir fiil *au loing* (ya da hâlâ kullanımda olan *longé*), *au loin* (uzak) anlamına değil, *au long de* (boyunca) anlamına gelir; öyleyse bu *mettre de côté* [biriktirme, bir kenara koyma] ya da iki anlama gelen bilinen bir ifadeye başvuru söz konusudur: *mettre à gauche.* [biriktirmek, bir kenara atmak].

Bu yüzden dolambaçlı yolumuzda hakkında konuşmaya teşvik edildiğimiz nesnenin kendisi tarafından onaylanırız: çünkü basitçe kendi yolundan saptırılmış bir mektupla ilgileniyoruz; yolu *uzatılmış [prolonged]* (etimolojik olarak başlığın sözcüğü) mektup ya da postahane dilini kullanırsak, teslim edilmeyen mektup *[lettre en souffrance]*.

Öyleyse burada, hemen ilk sayfada bize söylendiği üzere, en yalın ifadesine indirgenmiş *basit ve tuhaf*, başlığın belirttiği gibi hikâyenin gerçek konusu olan mektubun tekilliğidir: başka yöne saptırılabileceğinden *kendisine* uygun bir yola sahip olmalıdır. Gösteren olarak etkisinin onaylandığı bir özellik. Çünkü döngüsel bir yolla geri dönse bile, ondan kendi yerini terk etmesini isteyen kendi ilkesi olan dönüşen işlemden dolayı yalnızca elektirikli haber bantlarında ya da insan-gibi-düşünen-makinalarımızın dönüşümlü hafızalarında bulunanla kıyaslanabilecek bir yerinden-etme içinde kendisini sürdüyor olarak göstereni düşünmeyi öğrendik.[26]

Açıkçası, yineleme otomatizminde gerçekleşen şey budur. Yorumda bulunduğumuz metinde, Freud'un bize öğrettiği şey, öznenin simgeselin kanallarından geçmesi gerektiğidir, ancak burada betimlenen şey, daha da ilgi çekicidir: bu, yalnızca özne değil, öznelerarasılıkları içinde kavranan, sıralanan öznelerdir, başka bir deyişle, burada kendisine döneceğimiz ve kendi varlıklarını, kendilerini kateden anlamlandırma zinciri uğrağında biçimlendiren, koyundan daha uysal olan devekuşlarımızdır.

Eğer Freud'un keşfettiği ve sürekli artan şok duygusuyla birlikte yeniden keşfettiği şey bir anlama sahipse, bu, gösterenin yerinden-edilmesinin, doğuştan yeteneklerine ve toplumsal kazanımlarına bakmaksızın, karakter ya da cinsiyeti hesaba katmaksızın özneleri kendi eylemlerinde, yazgılarında, reddedişlerinde, körlüklerinde, sonlarında ve akıbetlerinde belirlemesidir ve isteyerek ya da istemeyerek, psikolojinin malzemesi olarak düşünülebilen mevcut her şeyin tamamının gösterenin yolunu izleyecek olmasıdır.

Aslında burada biz yine dramamızı ve onun öznelerin birbirlerinin yerine geçme tarzı sorununa ilişkin kısmını bıraktığımız dönüm noktasındayız. Fablımız, öznelerin girişlerini ve rollerini yöneten şeyin mektup ve onun yoldan saptırılışı olduğunu göstermek yönünde yapılandırılır. Eğer o, "teslim edilmez" ise, *onlar* acıya tahammül edeceklerdir. Onun gölge-

---

26 Bkz., Ecrits (1966a, s. 59): "Modern bir bilgisayarın, oğlanın oyun hakkındaki bilgisine ve bir öznenin uzun bir dönemdeki seçimlerine sahip olmaksızın, ayarlayan cümleyi keşfederek, tek mi çift mi oyununda normal bir oranın ötesinde kazanması olanaksız değildir."

sinin altına girerlerse, yansıması haline gelirler. Mektubu –dilin hayranlık uyandıran müphemliğini– sahiplenmek için sıraya girdiklerinde, onun anlamı öznelere sahip olur.

Bu bize, drama kahramanı aracılığıyla, cesaretinin bir düğüm noktasına, yani ilk seferinde zafere taşıdığı durumun bizzat yinelenmesinde gösterilir. Eğer şimdi ona yeniliyorsa bu, başlangıçta hem üçüncü hem de hırsız konumunda olduğu üçlemede, ikinci konuma geçmesinden dolayıdır –ve bu, hırsızlığının nesnesinden dolayıdır.

Çünkü önceden olduğu gibi, şimdi de sorun, mektubu meraklı gözlerden korumaksa, kendisinin zaten geçersiz kıldığı tekniğin aynısını uygulamaktan başka yapabileceği bir şey yoktur: mektubu ortalıkta bırakmak? Ve onun, mimetik bir tuzağın ya da ölü taklidi yapan bir hayvanın bütün özelliklerini bulduğumuz ve görülmediği tipik imgesel görme durumunda tuzağa düşmüş biçimde görmeden görüldüğü gerçek durumu yanlış yorumladığımız ikili bir ilişkiye dolayımsız biçimde kapıldığını gördüğümüzde, bu yolla yaptığı şeyi bildiğinden tam anlamıyla şüphelenebiliriz. Ve onun görmekte başarısız olduğu şey nedir? Kesinlikle kendisinin tümüyle görebileceği ve kendisi görünmeden görüyor göründüğü simgesel durum.

Bakan, polisin aramasının kendi savunması olduğunu fark eden bir adam olarak davranır, çünkü onun, polislere kendi yokluğuyla tam girişe izin verdiği söylenir: yine de o, bu arama dışında artık savunmasız olduğunu kavrayamaz.

Bu, eğer canavarımızın çabucak büyümesine izin verebilirsek, zanaatkarı Bakan olan *autruicherie*'dir [devekuşluğu], ancak onun şimdi devekuşluğunun aldattığı kişi haline gelmesi, tam bir aptallık aracılığıyla olamaz.

Gizleyen kişi rolünü oynadığından Bakan, Kraliçe'nin rolünü ve hatta gizleme eylemine çok uygun olan dişillik ve gölge niteliklerini takınmak zorunda kalır.

Saygın *Yin ve Yang* çiftini, karanlık ve aydınlık temel karşıtlığına indirgiyoruz demek istemiyorum. Çünkü bu çiftin tam kullanımı, kurbanlarını kaybetmemek için titrek gölgelerin suiistimal ettikleri şey kadar, bir ışık parıltısında kör eden şeyi de içerir.

Burada hayret verici biçimde parçalara ayrılmış gösterge ve varlık [l'être], karşıtlığa düştüklerinde galip olanı ortaya çıkarır. Bir hanımefendinin korkunç öfkesini küçümseme derecesinde meydan okuyacak kadar erkek olan bir adam, hanımefendiyi yoksun bıraktığı göstergenin lanetine metamorfoz derecesinde maruz kalır.

Çünkü yine de kadın, kendisini kökensel olarak bir gösteren, yani fetiş konumunda sınıflayan yasanın dışında onu kurarak, gösterge içine bizzat varlığını yatırdığı kadarıyla, bu gösterge, aslında kadın göstergesidir. Onun, bu göstergenin gücüne layık olmak için, yalnızca göstergenin gölgesinin içinde hareketsiz kalması gerekir, ayrıca bu yolla Kraliçe gibi, bu ustalık simülasyonunu, Bakan'ın "keskin gözleri"nin tek başına nüfuz edebildiği hareketsizlik içinde bularak.

Bu çalınan gösterge –bu durumda erkek ona sahiptir: bu tür bir mülkiyet, yalnızca meydan okuduğu onur aracılığıyla sürdürülebileceğinden, onu sürdüren kişiyi, her ikisi de Bakan'ın yasaya bağlılığını bozan suça ya da cezaya davet etmekle lanetlenmiş olabileceğinden meşumdur.

Bu göstergede, Sokratik torpil balığı gibi erkeğini, Bakan örneğinde açıkça bir aylaklık durumu olarak görünen şeye düşürme derecesinde uyuşturmak için, mülkiyetinin tekil bir *dokunulmazlığı* olması gerekir.

Anlatıcının daha ilk diyalogda yaptığı üzere, mektubun kullanımıyla gücünün kaybolmasının belirtilmesinden, bu değerlendirmenin, doğrusunu söylemek gerekirse, kesinlikle mektubun güç amaçları için kullanımıyla ilgili olduğunu ve aynı zamanda bu tür bir kullanımın Bakan için zorunlu olduğunu anlarız.

Kendisini mektuptan kurtarabilmesi için, aslında Bakan'ın onunla başka neyin yapılacağını bilmesi gerekmez. Çünkü bu kullanım, onu böylesi bir mektubla öyle bütüncül bir bağlılığa yerleştirir ki, uzun vadede bu kullanım, artık mektubu hiç de içermez.

Gerçekten de mektubu gerektiren bu kullanım için, her şeyden önce efendisi Kral'a hizmetiyle böylesi çok yetkilendirilecek Bakan, yerinde önlemlerle sonuçlarının tedbirlerini alsa bile Kraliçe'ye saygılı uyarılarda bulunabilir –ya da mektubun yazarına karşı bir eylem başlatabilir, yazarın kendisinin oyunun dışında kalması olgusu, burada söz konusu olan şeyin suç ya da kabahat olma derecesini değil, ancak daha çok mektup tarafından kurulan çelişki ve skandal göstergesini açığa vurur, İncil'in, mektubun taşıyıcısı olarak hizmet edenin ıstırabına bakılmaksızın gelmesi gerektiğini söylediği anlamda– ya da Kraliçe'nin ya da Bakan'ın rezaletinden dolayı bir Engizisyon Mahkemesi'nde yargılanıp yargılanmayacaklarını bilme hakkına sahip bir "üçüncü kişi"ye mektubu bir dosya içinde belge olarak teslim edebilir.

Bakan'ın bu kullanımlardan birine neden başvurmadığını bilmeyeceğiz ve yalnızca bu kullanmayışın sonucu bizi ilgilendirdiğinden dolayı bilmememiz de uygundur; mektubun ele geçirilme tarzının bu kullanımların hiçbirisine bir engel oluşturmayacağını bilmemiz yeterlidir.

Çünkü mektubun anlamından bağımsız kullanımı Bakan için zorunlu olursa, onun güç amaçları için kullanımının yalnızca potansiyel olabileceği açıktır, zira süreç içinde ortadan kaybolmaksızın edimsel hale gelemez –ancak bu durumda mektup, yalnızca saf gösterenin nihaî randevuları aracılığıyla bir güç aracı olarak varolur, yani: onun yoldan sapmasını sürüncemede bırakarak, onu ek bir aktarımla ilgili olduğu kişiye ulaştırarak, yani etkilerinin öngörülmesi mektubun cazibesi tarafından güçleştirilen ilave bir ihanet eylemiyle –ya da Dupin'in başlangıçta söylediği üzere, açıkça, doğası gereği gösterdiği şeyin feshedilişini göstermeye tahsis edilen şeyden kurtulmanın tek emin aracı olarak mektubun yok edilmesiyle.

Bu yüzden Bakan'ın bu durumdan çıkardığı üstünlük, mektubun bir işlevi değil, ancak bilsin ya da bilmesin mektubun onun için kurduğu rolün bir işlevidir. Ve Komiser'in değerlendirmeleri açıkça onu, "her şeye cesaret ede[n]" birisi olarak sunar, bunun üzerinde anlamlı biçimde yorum yapılır: "bir insana yakışana da, yakışmayana da;" bu sözler, Baudelaire'in şu çevirisiyle anlamını kaybeder: "ce qui est indigne d'un homme aussi bien que ce qui est digne de lui" (bir erkeğe yakışana da, yakışmayana da). Çünkü orijinal biçiminde değer biçme, bir kadına ilişkin şeye daha çok uygundur.

Bu, karakterin imgesel anlamını, yani Bakan'ın bu sefer şüphesiz bilmeden bulaştığı narsistik ilişkiyi görmemize olanak tanır. Ayrıca bu, biçiminin tadını çıkarmaya değer İngilizce metnin daha ikinci sayfasında anlatıcının değinilerinden biriyle belirtilir: bize, Bakan'ın üstünlüğünün "mağdurun hırsızı tanıdığını, hırsızın bilmesine bağlı" olduğu söylenir. Yazarın Dupin'e, mektubun çalınma sahnesinin anlatımından sonra harfi harfine tekrar ettirmesiyle önemleri vurgulanan sözcükler. Burada yine Baudleaire'in kendi dilinde, şu sözcüklerle birine sordurup diğerine onaylatarak gerçek anlamdan biraz uzak kaldığını söyleyebiliriz: "Le voleur sait-il?..." (Hırsız biliyor mu?), sonra: "Le voleur sait..." (hırsız biliyor). Neyi? "que la personne volée connâit son voleur" (mağdurun, onun hırsızlığını bildiğini).

Çünkü hırsızı ilgilendiren şey, yalnızca belirtilen kişinin, mektubu kendisinden kimin çaldığını bilmesi değil, daha çok ne tür bir hırsızla uğraştığını bilmesidir; çünkü aslında imgesel olduğu için hiç kimseye ait olmayan, mutlak efendinin konumunu ona bahşetmiş olarak anlaşılması gerektiğinden mağdur, hırsızın her şeye muktedir olduğuna inanır.

Gerçekten de bu, mutlak zayıflık konumudur, ancak böyle olduğuna inanmamız beklenen kişi için değil. Kanıt yalnızca Kraliçe'nin polise başvurmayı göze alması değildir. Çünkü Kraliçe, yalnızca, üçlünün başlangıçtaki düzenlemesinde, bitişikteki yere doğru kendi yerinden-edilişiyle, bu yeri işgal etmek için gereken körlüğe sığınarak uzlaşıyor: "senden daha basiretli bir ajan," der Dupin ironik bir şekilde, "ne istenebilir, ne de tasavvur edilebilir." Hayır, eğer bu adımı atmışsa, adım, bize söylendiği gibi "umutsuzluk içinde" olmasından çok, en iyi durumunda bir ayna serabına yüklenen bir sabırsızlık yükünü üzerine almasıyla atılmıştır.

Çünkü Bakan, kendisini, şimdilik kendi payı olan aylaklıkta tutup meşgul eder. Gerçekte Bakan, bütünüyle deli değildir. Bu, komiser tarafından yapılan, her sözcüğü altın değerindeki bir değerlendirmedir: Onun altın değerindeki sözcüklerinin, yalnızca Dupin için aktığı ve kendisine de bir kâr payı bırakmakla birlikte dönemin maddi standardıyla ona mal olacağı elli bin Frank değerindeki meblağa doğru akmaya devam edeceği doğrudur. Öyleyse Bakan, anlamsız hareketsizliğinde bütünüyle deli değildir ve bu yüzden nevroz durumuna uygun hareket edecektir. Unutmak için bir adaya çekilen, neyi unutacağını unutan adam gibi, unuttu –böylece Bakan mektubu kullanmamakla onu unutmaya başladı. Davranışının sürekliliğiyle ifade edildiği üzere. Ancak nevrozlunun bilinçdışından başka bir şey olmayan mektup, onu unutmaz. Öylesine unutmaz ki, onu, giderek artan biçimde mektubu kendi ele geçirişine sunan kadının imgesine dönüştürür; öyle ki, artık o, kadının örneğini izleyerek mektubu benzer bir ele geçirişe teslim edecektir.

Bu dönüşümün özellikleri belirtiliyor ve açık nedensizlikleri içinde öylesine karakteristik bir biçimde belirtiliyor ki, bastırılanın geri dönüşüyle geçerli biçimde karşılaştırılabilirler.

Böylelikle biz öncelikle Bakan'ın, kesinlikle Kraliçe'nin telaşlı tavrıyla değil, daha dikkatli biçimde, bir elbisenin içinin dışına çevrilmesi gibi, sırası gelince mektubu devrettiğini öğreniyoruz. Bu yüzden, dönemin bir mektubu katlama ve mühürleme metotlarına uygun olarak, yeni bir adres yazacağı boş bir alanı kurtarmak için devam etmek zorundadır.[27]

Bu adres, onun kendi adresi olur. İster kendi eliyle ister bir başkasının eliyle olsun, aşırı derecede zarif dişil bir elyazısıyla ve tutku kırmızısından onun aynalarının siyahına değişen mühürle görünecektir; Bakan, kendi damgasını onun üzerine basacaktır. Bir mektubun alıcının damgasıyla işaretlenen bu tuhaflığı, onun kavranışındaki en çarpıcı şeydir. Çünkü metinde güçlü bir biçimde dillendirilse de, mektubun tanımlanmasına tahsis ettiği tartışmada Dupin tarafından ifade edilmez.

Bu ihmal, ister bilinçli ister bilinçsiz olsun, kılı kırk yaran dikkati aşikâr olan bir çalışmanın ekonomisi içinde şaşırtacaktır. Ancak her iki durumda da Bakan'ın gerçekte kendisine hitap ettiği mektubun bir kadından gelmesi anlamlıdır: sanki bu, gösterenin doğal bir eğiliminden çıkan, Bakan'ın geçmesi gereken bir evreymiş gibi.

---

27 M. De Chateaubriand ve onun bir sekreter aramasına ilişkin dönemden bir mektupla izleyiciye prosedürü göstermek zorunda olduğumuzu düşünüyoruz. M. De Chateaubriand'ın yakın zamanlı gözden geçirilmiş hatıralarının ilk versiyonunu, "Çalınan Mektup"un Chambers Journal'de yayınlandığı 1841 Kasım'ında tamamladığını keşfetmekten zevk aldık. M. De Chateaubriand'ın yerdiği iktidara düşkünlüğü ve bu düşkünlüğün onda delalet ettiği onur (armağan henüz icad edilmemişti), kendisini, daha sonra göreceğimiz üzere Bakan'a isnad edilen kategoriye, ilkeli ya da ilkesiz dehalar arasına yerleştirebilir mi?

Böylelikle zaman zaman yapmacık kadınsı davranış sınırına varan kayıtsızlık havası; kendi sohbetinde bıkkınlığa varan bir can sıkıntısı gösterimi; "Eşya Felsefesi"nin yazarının[28] gerçekten kolaylıkla anlaşılmayan ayrıntılardan (masanın üstündeki müzik enstrümanları gibi) çıkarabileceği ruh durumu, her şey, ifadelerinin tümü, en eril özellikleri açığa vuran bir karakterin, sahneye çıktığında en tuhaf *odor di femina*'yı [kadın kokusunu] yayması için tasarlanmış görünür.

Dupin, sahte şıklığın arkasında sıçramaya hazır bir yırtıcı hayvan uyanıklığını betimleyerek, bunun bir hile olduğunu vurgulamaktan geri kalmaz. Ayrıca bu, tam da bilinçdışının gösterenin insana yerleşmesi demek olduğunu öğrettiğimiz anlamda, bilinçdışının bizzat etkisidir. Poe'nun Dupin'in suiistimalini değerlendirmemize yardım etmek amacını güden imgesinden daha güzel bir imge bulabilir miyiz? Çünkü bu amacı akılda tutarak, okunabilsin diye bir coğrafi haritanın kendi planına ilave ettiği ve bir tahmin oyununun konusu haline gelebilen yer isimleriyle ilgili kayıtlara göndermede bulunur: bir rakip tarafından seçilen ismi –muhtemelen bir acemiyi şaşırtmak için en uygun olanı, haritanın bir ucundan öbür ucuna aralıklı olarak dizilmiş, büyük harflerle yazılan, çoğu kez fark etmede bir an bile duraksamaksızın, bütün bir ülke ismini veren isme derhal dikkat ederek– kim bulabilir?...

Dupin girdiğinde, çalınan mektup, geniş bir kadın bedeni gibi, Bakan'ın bürosunun bir ucundan öbür ucuna tam da böyle uzanıyordu. Ancak Dupin de, tam bu şekilde, onu bulmayı umar ve yeşil gözlükle saklanmış gözleriyle bu muazzam bedeni soymaktan başka bir şey yapmaz.

Ve bu yüzden Profesör Freud'un kapısına kulak verip dinlemekten başka bir şeye gereksinim duymadan, o bedenin gizlemek için tasarlandığı yalanların ve yaşamların bulunduğu

---

28 Poe, bu başlığı taşıyan bir denemenin yazarıdır.

noktaya, bir bakışla yakalanan olağanüstü bir merkezdeki noktaya, hatta ayartıcıların oradan Kent'i kontrol edebilecekleri yönündeki cahil yanılsamalarında Saint Angelo Kalesi adını verdikleri yere dümdüz ilerleyecektir. Bakınız! Şömineninin kenarları arasında zaten saldırganın [ravisseur] uzatmaktan başka bir şey yapmayacağı bir elin ulaşabileceği mesafede bu nesne var... Onun, Baudelaire'in çevirdiği şekliyle şömine rafının üstünde duran nesneyi mi, yoksa orijinal metindeki şekliyle onun altında duran nesneyi mi ele geçirdiğine karar verme sorunu, mesleği kızartma yapmak olanların çıkarımlarına zarar vermeden terk edilebilir. [29]

Burada simgelerin geçerliliği biterse, bu, simgesel borcun tüketildiği anlamına da gelir mi? Buna inansak bile, ilk bakışta eserin geri kalanıyla uyuşmaz göründüklerinden dolayı, muhtemelen ikincil olarak çok daha az ciddiye aldığımız iki epizot tarafından, bize tersi öğütlenir.

Her şeyden önce, bir kapanış dönüşü olmaktan uzak olmayan, ona vaat edilen ödülün miktarı hakkında Komiser'e başlangıçtan itibaren oldukça bilinçsiz biçimde sorduğu soruda mevcut olan Dupin'in ödüllendirilme işi var; Komiser, kesin rakam hakkında ne kadar ketum olursa olsun bu ödülün büyüklüğünü, Dupin'den gizlemeyi düşünmez, hatta arttırıldığını bildirmek için daha sonra geri döner. Dupin'in daha önce kendi semavî sığınağında bize gerçek bir yoksul olarak sunulması olgusu, bizi daha çok mektubu teslim etmekle yaptığı, aslında çıkardığı çek defteriyle derhal sağlanan anlaşma üzerinde düşünmeye sevketmelidir. Şunları gereksiz bulmayız: Dupin'in meseleyi kendisi aracılığıyla ortaya koyduğu su götürmez ipucu, Baudelaire'in bize söylediği üzere, Abernethy adında bir İngiliz doktora, "tuhaf olduğu kadar ünlü karaktere isnat edilen öykü"dür; bu öyküde ondan beleş bir tıbbi tav-

29 Ve hatta bayan aşçının kendisine bile.

siye almak umudunda olan zengin bir cimriye, sert bir biçimde ilaç değil, tavsiye alması söylenir.

Aslında haklı nedenle, Dupin için muhtemelen söz konusu olan şeyin, onun mektubun simgesel döngüsünden geri çekildiği anla ilişkili olduğunu –en azından bir süreliğine aktarımda bizimle sürüncemede kalan bütün çalınan mektupların gizli elçileri haline gelen biz– düşünmüyor muyuz. Ve aktarımlarının gerektirdiği, bütün anlamlandırmanın en yıkıcı göstereniyle, yani parayla eşit tutarak nötrleştirdiğimiz sorumluluk değil mi.

Ama hepsi bu değil. Dupin'in kendi istismarından böylesine zekice elde ettiği kâr, eğer amacı onun yatırdıklarını oyundan geri çekmesine izin vermekse bu, her şeyden öte küstah prestiji Dupin'in kendisine oynadığı oyunla yeterince sönmüş görünen Bakan'a karşı giriştiği yandaş saldırıyı, hileli darbeyi bütünüyle daha paradoksal, hatta şok edici kılar.

Dupin'in sahte mektubunda, Bakan'ın Kraliçe'nin kaçınılmaz meydan okuyuşuyla öfkelendiğinde onu mahvetmeyi düşüneceği ve cehenneme düşeceği ana ithaf etmekten kendisini alamadığı acımasız satırları zaten alıntıladık: kendi elyazısını Bakan'ın tanımaktan geri kalmayacağını ekleyerek öğüt verici *facilis descensus Averni*'yi[30] cilalar; bütün bunlar, insafsız bir rezalet eylemini tehlikeden emin kıldığından dolayı, marifetli bir figüre ilişkin ihtişamı olmayan bir zafer olarak görünür ve Dupin'in Viyana'da (Kongre'de?) kendisine oynanan oyundan kaynaklanan, uygulamaya koyduğu nefret, yalnızca bütüne ilave bir parça karanlık ekler.

Yine de, öykünün sonundaki duygu patlamasını daha yakından, başarısı böylesine soğukkanlılığa dayanan bir olaylar dizisinde meydana geldiği anı daha özgül biçimde düşünelim.

---

30 Virgilius'un dizesi şöyledir: facilis descensus Averno.

Bu, mektubu kesin tanımlama eyleminin gerçekleştiği andan hemen sonra gelir; Dupin'in, yine de henüz kendisini ondan kurtarma konumunda olmaksızın, zaten ele geçirmiş gibi mektuba sahip olduğu söylenebilir.

Böylelikle aslında Dupin, öznelerarası üçlüye ve bu yolla daha önce Kraliçe ve Bakan tarafından işgal edilen orta konuma tam olarak katılır. Kendisini üçlünün üzerinde göstererek, aynı zamanda bize yazarın niyetini de açıklayacak mı?

Mektubu kendisine ait yola döndürmekte başarılı olmuşsa, kendisi için onu adresine ulaştırmaktan başka yapacak bir şey kalmaz. Ve bu adres, daha önce Kral tarafından işgal edilen yerdedir; çünkü mektubun yasanın emrine yeniden gireceği yer orasıdır.

Gördüğümüz üzere, ne Kral ne de Kral'ı bu konuma yeniden yerleştiren polis, bu *yer körlüğü gerektirdiği* için mektubu okuyamadılar.

Rex et augur, sözcüklerin destansı, arkaik niteliği, bunların bir erkeğe uygulanma saçmalığıyla, yalnızca bizi etkilemek için yankılanıyor görünür. Artık, bir süredir, tarihin figürleri bizi bunu yapmak için teşvik etmez. En yüksek gösterenin ağırlığını tek başına taşımak, bir erkek için doğal değildir. Ve onun ona bürünür bürünmez işgal ettiği yer, en insafsız embesillik simgesi haline gelmeye eşit derecede uygun olabilir.[31]

Diyelim ki, burada Kral, kutsal olanın doğasındaki çift anlamlılıkla, Özne'den başka hiçbir şeye değer vermeyen embesillikle donatılır.

Bu, kendisini yerinde izleyecek karakterlere anlamlarını

---

31 Candide'in düşüşünden önce, Venedik'teki en son tarihli toplantısına atfedilen nükteli beyiti hatırlayalım: "Il n'est plus aujourd'hui que cinq rois sur la terre, / Les quatre rois des cartes et le roi d'Angleterre." (Yeryüzünde kalan yalnızca beş kral vardır / iskambil kağıtlarının dört kralı ve İngiltere Kralı.)

verecek şeydir. Polisin yapılsal açıdan cahil olarak göz önüne alınması gerekliliği bir yana, devletin doğuşunda *yerleşkeye [campus]* dikilen mızrakların rolünü de biliriz. Ancak burada işlevlerini yerine getiren polise, basitçe liberalizmin biçimleriyle, yani genellikle onların düşüncesiz eğilimlerini silmeye kayıtsız efendiler tarafından kendilerine yüklenen biçimlerle işaret edilir. Bu yüzden sözcükler, kendilerinden beklenen şeye gelince, arasıra nazik biçimde kullanılmaz: "*Sutor ne ultra crepidam*, çizmeyi aşma. Bunu yapmanız için, bilimsel araçlar bile vereceğiz. Bu size karanlıkta bırakmanızın iyi olacağı hakikatleri düşünmemeniz konusunda yardımcı olacaktır." [32]

Bu tür sağgörülü ilkelerden kaynaklanan ferahlığın tarihte sürdüğünü, ancak geçici olduğunu, zaten yazgının yürüyüşünün, suçlarıyla onu sıkıntıya sokanlara duyulan bir ilgiyi geri getirerek –özgürlüğün saltanatına duyulan haklı bir arzunun sonucu–, zaman zaman onun kanıtlarını biçimlendirecek kadar ileri giderek her yerde olduğunu biliriz. Hatta yalnızca çoğunluğun lehine uygulandığı ölçüde her zaman hoş karşılanan bu pratiğin, buna pekâlâ karşı çıkabilecek kişilerce yapılan aleni sahtekârlık itiraflarında doğruluğunun kanıtlandığı gözlenebilir: gösterenin özne üzerindeki üstünlüğünün en yeni tezahürü.

Bununla beraber bir polis kaydı, daima tarihçiler loncasını fazlasıyla aştığını anlamakta güçlük çektiğimiz belirli bir saklama nesnesi olarak kalır.

Bu kaybolan güven aracılığıyla, Dupin'in mektubu Polis Komiseri'ne planlı teslimi, onun anlamını azaltacaktır. Zaten Kraliçe'ye yönelik mesajından kurtulmuş olan gösteren, Bakan'ın ellerine bırakılır bırakılmaz, kendi metninde de geçersiz kılındığında, artık gösterenden geriye ne kalır?

Şu halde onun için yalnızca tam da bu soruyu, artık bir an-

32 Bu öneri, asaletinin kendisine bir yer kazandırdığı Lordlar Kamarası'na hitap eden soylu bir lord tarafından açıkça sunulmuştu.

lamlandırmaya sahip olmadığında bir gösterenden geriye ne kalır sorusunu yanıtlamaktan başka bir şey kalmaz. Ancak bu Dupin'in, körlükle belirlenen noktada bulduğu kişi tarafından gösteren hakkında sorulanla aynı sorudur.

Çünkü eğer Bakan bize sözü edilen ve eyleminin yeterince işaret ettiği kumarbazsa, bu, açıkça onu oraya sevkeden sorudur. Çünkü kumarbazın tutkusu gösteren hakkında sorulan, şans automaton'u tarafından biçimlendirilen bu sorudan başka bir şey değildir.

"Nesin sen, benim talihimle karşılaşmanda *(tyche)* attığım zar figürü mü?[33] İnsan yaşamını, göstergesi sizin aşmamanız gereken çizmeniz olan anlamlar adına günden güne elde edilen bir ölüm cezasının ertelenmesi kılan, ölümün bu mevcudiyeti değilse, hiçbir şey değildir. Şehrazat, bin bir gece boyunca böyle yaptı ve ben, tek mi çift mi oyununda bir dizi başdöndürücü hileli devir pahasına, bu göstergenin üstünlüğünden acı çekerek, on sekiz aydır bunu yapıyorum."

Bu yüzden Dupin, *şimdi işgal ettiği yerden* bu tür bir soruyu ortaya koyan Bakan'a karşı açıkça dişil doğalı bir öfke hissetmekten kendisini alamaz. Şairin yaratıcılığı ve matematikçinin katılığının, züppenin dinginliği ve aldatmacanın zarifliğiyle birleştiği prestijli imge, aniden bizi onu tatmaya çağıran kişinin kendisi için gerçek monstrum horrendum haline gelir, çünkü bunlar onun sözcükleridir: "ilkesiz dehâ."

Burada, bu dehşetin kökeni kendisine ihanet eder ve bunu deneyimleyen kişinin, bunu bize açıklamak için kendisini (en umulmadık bir tarzda) "hanımefendinin bir yandaşı" olarak beyan etmeye gereksinimi yoktur: hanımefendilerin, ilkeleri tartışmaktan nefret ettikleri bilinir; çünkü onların cazibeleri, gösterenin sırrına çok şey borçludur.

---

33 Aristoteles'in, Physics'inde yaptığı kavramsal şans çözümlemesinde, burada hatırlanan iki terim arasında ortaya koyduğu temel karşıtlığa dikkat çekiyoruz. Bu konudaki bilgiyle pek çok tartışma aydınlanır.

Bu yüzden Dupin, sonunda gösterenin Kraliçe'den başka hiç kimsenin okuyamadığı, ön yüzden başka bir şey olmayan medusavari yüzünü bize döndürecektir. Alıntının klişeleşmişliği, trajedideki kaynağına uygun olduğu gibi, bu yüzün taşıdığı meşum kehanete de uygundur: "... *Un destin si funeste, S'il n'est digne d'Atrée, est digne de Thyeste.*"*

Böylelikle, gösterinin yanıtı, bütün anlamlandırmaların dışında verilir: "Sizi, aracılığıyla arzularınızı düğümlediğim bağların insafına bıraktığımda, eyleme geçtiğinizi düşünüyorsunuz. Bu yüzden onlar, sizi parçalanmış çocukluğunuzun parçalanışına geri döndürerek, şiddetle büyürler ve nesnelerde çoğalırlar. Şöyle olur: bu, şöleniniz olacaktır, beni oluşturduğunuzdan, sizin için olacağım taştan konuğun geri dönüşüne kadar."

Ya da daha ılımlı bir tona dönerek diyelim ki, –geçen yıl Zürih Kongresi'nde bizi izleyen bazılarınızla birlikte– yerel parolaya bağlılığımızı gösterdiğimiz nüktede olduğu gibi, gösterenin, kendisini sorgulayan herkese yanıtı şudur: "Kendi Dasein'ınızı yiyin."

Öyleyse bu, Bakan'ı yazgıyla randevuda bekleyen şey midir? Dupin, bize bu konuda güvence verir. Ancak biz artık onun saptırmalarına fazlasıyla safdil olmamayı öğrendik.

Şüphesiz burada küstah yaratık, yazgısını zorla kabul ettiren duvardaki mektupla ilişki içindeki adamın körlüğü durumuna indirgenir. Ama adamı onlarla yüzleşmeye çağırırken, yalnızca Kraliçe'nin tahriklerinden, onun gibi bir adam üzerinde hangi etkiyi umabiliriz? Aşk ya da nefret. Birincisi, kördür ve ona silahlarını bıraktıracaktır. İkincisi, parlaktır, ancak onun şüphesini uyandıracaktır. Ancak o, bize söylendiği gibi gerçekten kumarbazsa, kartları bırakmadan önce son bir kez

---

*– "Böylesine karanlık bir yazgı, Atreus'a yaraşmasa da, yaraşır Thyestes'e" (Türkçe'ye çev. n.).

onlara bakacaktır ve elini okuduktan sonra, rezil olmaktan kaçınmak için zamanında oyundan ayrılacaktır.

Hepsi bu mu? Kendileriyle bizi aldatmaya mecbur olduğu imgesel hilelerin dışında Dupin'in gerçek stratejisini deşifre ettiğimize inanacak mıyız? Şüphesiz evet, çünkü eğer "Düşünmeyi gerektiren bir konuysa," Dupin'in başlangıçta belirttiği gibi, "karanlıkta irdelemek daha iyi olur," şimdi onun çözümünü açık gün ışığında kolayca okuyabiliriz. Zaten örtüktü ve çoktan dikkatinize sunduğumuz, içinde gönderenin alıcıdan kendi mesajını ters yüz edilmiş biçimde aldığını söylediğimiz formüle göre hikâyemizin başlığından kolayca çıkarılacaktır. Böylelikle "çalınan mektup," yani "teslim edilmeyen mektup" *[lettre et souffrance]* şunu ifade eder: bir mektup daima varacağı yere varır.

Jacques Derrida:
HAKİKAT FAKTÖRÜ/POSTACISI*[34]

Biraz önce ilan ettiği büyük hakikatler için ona teşekkür ettiler –çünkü söylediği her şeyin kesinlikle doğru olduğunu (Oo! Doğrulanamaz olanın doğrulayıcısı!) keşfettiler; -ilkin, iyi insanlar, aslında bunun basit bir kurgu olabileceği hakkında şüpheleri olduğunu itiraf etseler de. Poe kendi adına bundan asla şüphelenmediği yanıtını verir. –Baudelaire

TERK EDİLEN GEREKÇELER

Söylendiğine göre, psikanaliz bulunur.

Bulunduğuna inanıldığında, söylendiğine göre onu bulan, bizzat kendisidir.

---

*_ Jacques Derrida, "Le facteur de la vérité," The Post Card: From Socrates to Freud and Beyond, çev. Alan Bass, The University of Chicago Press, Chicago, London, 1987, s. 413-496. Ayrıca bkz., "The Purveyor of the Truth," The Purloined Poe: Lacan, Derrida, and Psychoanalytic Reading içinde, çev. Alan Bass, ed. John P. Muller, William J. Richardson, The Johns Hopkins University Press, London, 1988, s. 173-212.

34 Facteur sözcüğünün çifte anlamının (postacı; faktör) yakalanması için bu makalenin başlığının, çevirilmeden bırakılması gerekir. Böylelikle hakikat faktörü/postacısı, psikanalizde hakikatin teslimi sorununu ima eder. (İng. çev. n.). [Başlığı çevirmeyi tercih ettik (Türkçe'ye çev. n.).]

Söylendiğine göre bulduğunda, kendisini bir şey olarak bulur (bir şey olarak bulunur)[35].

Burada, bu üç dört ifadenin, adlandırıldığı şekliyle üretici gramerini bozmakla yetinmek.

Öyleyse nerede? Psikanaliz, kendisini her zaman zaten nerede yeniden-bulur, nerede yeniden-bulunacaktır?

Kendisini bularak kendisi bulunuyorsa, kendisini bularak bulunduğu yere, metin adı verelim. Ve bunu, yalnızca psikanalizin ("dil," "yazım," "kültür," "mitoloji," "dinlerin, felsefenin, edebiyatın, bilimin, tıbbın tarihi," vb. olarak metindeki, bir "tarihsel," "ekonomik," "politik," "içgüdüsel" vb. alan olarak metindeki, başka yerde sınırsız ve *genel metin* olarak tanımlanan *différance*'in heterojen ve çelişkili örgüsündeki) teorik ve pratik kaydının göz önüne alınmak zorunda olan etkilere sahip olması gerektiğini hatırlamak için yapmayalım. Ancak aynı zamanda belirlenmiş bir soru alanını sınırlandırmak için de yapalım.

Eğer burada tekil bir mantıkla, cinsi içeren türle ilgilenmiyorsak. Örneğin: bir metnin psikanalitik deşifresinde, deşifre edilen metin zaten kendisini açıklıyorsa, ne olur? Kendisi hakkında deşifreden daha fazla şey söylediğinde (çoğu kez Freud tarafından teslim edilen bir borç)? Ve özellikle de, deşifre edilen metin, kendi içine deşifre sahnesini *ilaveten* kay-

---

35 La psychanalyse, à supposer, se trouve. Quand on croit la trouver, c'est elle, à supposer, qui se trouve. Quand elle trouve, à supposer, elle se trouve--quelque chose. Burada, Fransızca'daki dönüşlü fiillerin çifte anlamıyla oyun oynanıyor. Se trouver, hem kendini bulmak hem de bulunmak anlamlarına gelebilir. Böylelikle, bunlar üç ya da dört ifadedirler; çünkü üçüncü cümle iki şekilde okunmalıdır. İndirgenemez çiftelikle, üçüncü cümleden dördüncü cümleye geçiş Derrida'nın eserlerinde sürekli bir temadır. Bu makale boyunca bu söz oyununun her ortaya çıkışında se trouver'i parantez içinde verdim (İng. çev. n.).

dettiğinde? Deşifre edilen metin, analitik sürecin kendisini, en son sözcüğüne, örneğin hakikate kadar, sahneye koymaya ve akışa bırakmaya daha fazla güç harcarsa?

Örneğin, hakikat. Ancak hakikat bir örnek midir? Eğer bir metin, örneğin edebi kurgu adı verilen bir metin –ancak bu da bir örnek midir?– hakikati sahneye koyarsa ne olur –ve neden vazgeçilir? Ve o, bunu yaparak analitik okumanın sınırını çizdiğinde, analiste kendi konumunu verdiğinde, onun hakikati arayışını ve hatta buluşunu sergilediğinde, onu metnin hakikati hakkında konuşurken sergilediğinde ve sonra genellikle, hakikat üzerine söylemi, hakikat üzerine hakikati önerirken sergilediğinde? Bu tür bir sahneye muktedir olan bir metinde ne gerçekleşir? Hakikati yakalayan analitik etkinliği kendi programına yerleştirmekten emin bir metinde?

Bu fazlalık, bir yazarın ustalığını taşımaz, kurgunun anlamını ise hiç taşımaz. Bu, daha çok enerjetik bir savunma konumunun düzenli etkisidir. Hakikat onun içinde bir rol oynar: filozof ya da analist tarafından, içeriden daha güçlü bir işleve yükseltilen bir rol.

Öğüt verici bir hikâye ya da parabolik gerekçe olarak ve ilkin hakikatin belirli bir çarpımsal katsayısı sorununu prova etmek için *Traumdeutung'u [Rüyaların Yorumu]* yaklaşık olarak ortasından açıyorum.

Freud, bastırma tarihini *Oedipus Rex* ve *Hamlet* arasında inceleyerek, (1) "Oedipus karmaşası," (2) efsane ve (3) Sofokles'in tragedyası arasındaki bütün farkları kaldırarak, bir kural koyar: bu noktada betimlediği (anne ile ensest ve babanın katli) iki tipik rüyanın anlambilimsel özünü kurmayan bir metindeki her şey, bu düşsel içeriğin mutlak *çıplaklığına* yabancı olan her şey, "malzemenin ikincil revizyonu"na aittir *(sekundären Bearbeitung des Stoffes)*. Anlamsal yapıyı, burada "Oedipus Karmaşası"nı dışardanmış gibi etkilemeye başlayan biçimsel (olağan anlamda metinsel) farklar, böylece ikincil revizyonları kurarlar. Örneğin *Oedipus Rex*, bir yazgı tragedyası, insanlarla tanrılar arasında bir ihtilaf, bir teolojik drama vb. olarak görülürse, aslında, kesinlikle çıplaklığını maskelemek için, tam da *Stoff*'a eklenen bir olgu-sonrası yapılandırma, bir elbise, bir kisve, bir malzeme, kalan temel şey olarak ele alınır.

Bu *Stoff*'u soymak, anlamsal malzemenin keşfi –bu, analitik deşifrelemenin sonu olacaktır. Analitik deşifreleme, biçimsel kisveler arkasındaki anlamı soyarak, eseri sökerek, ikincil revizyonların altındaki ilksel içeriği sergiler.

Örten ikincil revizyon biçimlerinin altında gizlenen anlamın çıplaklığı, bir metafor mudur? Ya da artık bir metaforun metaforu mu? Metaforikliği dile getirmek için bir metafor? Condillac'ın *Yazma Sanatı Üzerine'de [On The Art of Writing]* alıntıladığı üzere Bouhours şöyle der: "Metaforlar, örttükleri şeyin görülmesine izin veren şeffaf örtüler ya da içinde kostümlü kişinin tanındığı kostümlerdir."

(İlksel) anlamsal içeriği, (ikincil) biçimsel revizyonla karşıtlaştırdıktan sonra Freud, teşhir düşleri hakkında yukarıda söylediği şeye parantez içinde göndermede bulunur: "Onun [Oedipus efsanesinin] daha öte değiştirilmesi, bir kez daha malzemenin yanlış kavranan ikincil revizyonundan türer, ondan teolojik amaçlar için yararlanmaya çalışır. (Krş., teşhir rüyalarında rüya malzemesi, s. 243 vd.)" (IV, 264).

Teşhir, soyunma, giysileri çıkartma, örtüyü kaldırma: hakikate *ilişkin* metaforun bildik akrobatları. Ve aynı şekilde, metaforun metaforu, hakikatin hakikati, metaforun hakikati de denebilir. Freud, ikincil uydurmanın kisveleri altında kökensel *Stoff*'u soymaya niyetlendiğinde, metnin hakikatini öngörüyor. Kökensel içeriğinden başlayarak metin, kendi çıplak hakikatiyle, aynı zamanda çıplaklık olarak hakikatle koordine edilecektir.

Freud'un bize sunduğu altbölüm çok kısadır: altı sayfa. Bu bölüm, bazı utanma ya da mahcubiyet rüyalarıyla uğraşır *(Verlegensheitstraum)*. Rüya gören kendi çıplaklığından *(Nacktheit)* utanç duyar. Bu altı sayfa, iki ile dört arası edebi gönderme içerir. İki ile dört arası, çünkü sözkonusu olduğu her seferinde, bir "ikinci" metinle ele alınıp dönüştürülen bir "başlangıç" metnidir: Edebi malzemeden *açıklayıcı* olarak yararlanmaktan başka bir şey olmayan, aynı zamanda Freud açısından da hiçbir sorun yaratmayan Keller'in Homer'i, Fulda'nın Andersen'i. Öyleyse, bir mahcubiyet ya da utanç *(Scham)* duygusu uyandıran çıplaklık rüyaları. Bunlar, kesinlikle yalnızca sıkıntı, mahcubiyet, huzursuzluk çağrışımlarıyla "tipik"tirler. Öyleyse, bu "[onlara ilişkin] konunun özü," kendisini her tür dönüşüme, ayrıntılı incelemeye, değişime uygun kılabilir. Çıplaklık, ikameleri doğurur. Giysi eksikliği ya da giysileri çıkarma *(Entkleidung, Unbekleidungt)*, diğer niteliklere yerleştirilir. Aynı tipik öz, süngüsüz, boyunbağsız ya da ekose pantolon giyerek sokağa fırlayan eski subayın rüyasını düzenler. Freud tarafından öne sürülen bütün bu örnekler erkeklerle, bir fallik nitelik eksikliğini teşhir eden ya da daha çok bu teşhirci etkinliği benimseyen erkeklerle ilgilidir. Veya daha da doğrusu: çıplaklık, penisi ya da penisin yokluğunu değil, muhtemel bir hatayı ekleyen bir nitelik olarak fallusun yokluğunu, muazzam çiftin yokluğunu teşhir eder. Artık kesin bir zincir belirlenir: hakikat-örtüsü kaldırılan-kadın-kastrasyon-utanç. Schreber: "Ayrıca, erkeklerin çıplak resimlerine bakmakla, erkeklerin şehvetinin, hiç değilse bile çok az uyandığını; bununla beraber, kadın çıplak resimlerinin her iki cinsi aynı derecede tahrik ettiğini iyi biliyoruz."

Başka bir tipik sabite: rüya görenin dayanılmaz utancı ve seyircinin açık kayıtsızlığı arasındaki zıtlık. Yalnızca rüya gören, kendisini çıplak olarak görür. Ve kendisini çıplak olarak görürken o yalnızdır. Burası, der Freud, "imalı bir noktadır."

Her şey, rüyada sanki iki kısım, iki "parça" *(Stücke)* "birbirleriyle uyumsuz"muşçasına ortaya çıkar. Seyirciler *bakmalıdırlar*, alay etmeli ya da hiddetlenmelidirler, ancak bunları yapmazlar. Burada rüya görenin arzusunun bir tarafa atmak zorunda olduğu bir güç ya da bir güdü vardır. Yalnızca diğer güdü, teşhirci güdü sürer ve kendi gücünü *(macht)* muhafaza eder. Bu tür bir yerde tipik olan şey, kesinlikle bu "çelişme"dir. Bu çelişmeyi betimlemek ve ayrıca açıklamak için Freud, bir örneğe, edebi bir gösterime, her nasılsa "sahip olduğumuz" "ilginç bir parça kanıt" *(Wir besitzen ein interessantes Zeugnis dafür)* adını verdiği şeye gereksinim duyar. İlginç bir parça kanıta sahibiz: Bu, Aristoteles'in kategorilerine göndermede bulunurken Benveniste'in kendi tanıtlamasını tam da doğru anda betimlemek için ortaya çıkmış görünen tavrı ve bizzat sözüdür.[36] Burada, "bilimsel" söyleminin kendi unsurunu, *orada bulunacak [se trouve là]*, eğitici söylem için uygun biçimde kullanılabilir olağanüstü bir paradigma olarak ele alan tanımlayıcı zafer şenliğinin başka bir örneğini görüyoruz. Çoğunlukla bir fabl, bir öykü, bir hikâye biçiminde. "Çünkü o [tipik rüyanın içeriği], Hans Andersen'in uyarlaması *Kral Çıplak*'la hepimizin bildiği ve çok yakın bir zaman önce Ludwig Fulda tarafından *Der Talisman* adlı eserinde şiirleştirilen bir masalın *(Märchen)* temeli (Grundlage) haline gelmiştir. Hans Andersen'in masalı bize, iki sahtekârın Kral'a, yalnızca erdemli ve sadık kişilerin görebileceklerini söyledikleri pahalı bir elbiseyi nasıl dokuduklarını anlatır. Kral, bu görünmez elbiseyle dışarıya çıkar ve kumaşın bir mihenk olarak iş görme gücüyle sindirilmiş bütün izleyiciler, Kral'ın çıplaklığını görmemiş gibi davranırlar.

"Bu, tam da rüyamızdaki durumdur. Hafızada varolduğu şekliyle rüyanın içeriğinin anlaşılmazlığının *(der unverständ-*

---

36 Bu prosedürün çerçevesini ve açılımlarını Margins'te "The Supplement of Copula"da çözümlemeye çalıştım.

liche Trauminhalt), onun, durumu anlamlı *(sinnreich)* kılmaya tasarlanmış bir *Einkleidung* [burada bu sözcük, önceki görünümünden daha fazla önem taşır: çeviri, tasarlanmış biçim anlamına gelir, böylelikle burada vurgulamak istediğim ve Freud'un da silmekle başladığı metaforik katlanışı azaltır: böylece kılığını değiştiren ve yanıltan bir elbise] içinde yeniden-dökümüne yol açtığını varsaymak acelecilik değildir. Yine de bu durum, kendi kökensel anlamından *(ursprünglichen Bedeutung)* yoksun bırakılan *(beraubt)* ve yabancı kullanımlara sokulan bir süreç içindedir. Ancak, daha sonra göreceğimiz üzere, bir rüyanın içeriğini bu şekilde yanlış anlamak, ikinci bir psişik sistemin bilinçli düşünce-etkinliği için alışılmış bir şeydir ve bu yanlış anlama, rüyalar tarafından varsayılan nihai biçimi belirlemede faktörlerden *(Faktor)* biri olarak kabul edilmelidir" (IV, 243).

O zaman Freud, "transkripsiyon"un *(Umdeutung)* anahtarını verir: "Sahtekâr, rüyadır; Kral, bizzat rüya görendir; rüyanın ahlâkî yargıya varma amacı [Kral'ın çıplaklığını göremeyen ya da görmeyecek bu iyi tebaanın mahcubiyeti], gizli rüya-içeriğinin bastırmanın kurbanı olan yasak arzularla ilişkili olduğu olgusunun muğlak bilgisini açığa vurur. Çünkü nevrotiklerle yaptığım analizlerde, bu tür rüyaların ortaya çıktığı bağlam, ilk çocukluk dönemine kadar uzanan anılara dayandıkları konusunda şüpheye yer vermez. Hem aile üyeleri hem de yabancılar –dadılar, hizmetçiler, misafirler– yalnızca çocukluğumuzda bizi uygunsuz giysiler içinde *(in mangelhafter Bekleidung)* görür ve yalnızca o zaman çıplaklığımızdan utanç duymayız. *[Freud'un dipnotu]* Masalda bir çocuk da rol alır; aniden bağıran küçük bir çocuk: 'Ama Kral çıplak!'" (IV, 244).

Freud, metindeki katlanışa, söylemini kuşatan karmaşıklığa aldırmaz. Bu, kaçınılmaz olarak orada bulunacak *[s'y trouver]* şeydir.

Her şeyden önce Freud, neyi ifade eder? Edebi anlatının, tipik bir rüyanın kökensel ve çocuksu içeriğinin bir ikincil ayrıntılı açıklaması olduğunu ve böylece bu rüyanın kisveleri olan bir *Einkleidung* –bu, Freud'un sözcüğüdür– resmi bir elbise, bir örtü olduğunu. Masal, *Stoff*'un çıplaklığını başka türlü gösterir ya da gizler. Bütün anlatılar gibi, bütün ikincil ayrıntılı açıklamalar gibi, hikâye de bir çıplaklığı örter.

Şimdi, onun bu şekilde örttüğü çıplaklığın doğası nedir? O, çıplaklığın doğasıdır: bizzat çıplaklığın ve temel sonucu olan utancın rüyası. Çünkü bu şekilde örtülen/örtüsü kaldırılan çıplaklığın doğası, çıplaklığın doğaya ait olmaması ve onun hakikatinin utanç içinde olmasıdır.

Kral Çıplak'ın gizli teması, gizli temadır. Biçimsel, edebî, ikincil *Einkleidung*'un örttüğü ve örtüsünü kaldırdığı şey, örtme/örtüyü kaldırma rüyasıdır, örtünün (örtme/örtüyü kaldırma), kisvenin ve soyunmanın birliğidir. Bu tür bir birlik kendisini, dikişsiz bir yapıda, her ikisi de görünmez olan bir çıplaklık ve bir elbise biçiminde, bazılarına görünebilen, bazılarına görünmeyen bir giysi biçiminde, hem gözle görünmeyen hem de teşhir edilen bir çıplaklık biçiminde sahneye konulmuş bulur *[se trouve]*. Aynı malzeme, düşsel *Stoff*'u gizler ve gösterir, yani bir örtü olmadan mevcut olan şeyin hakikatini gizler ve gösterir. Örtü, metin [text] ve dokuma [textile] arasındaki metaforik eşitlikten fazlası göz önünde tutulursa, Andersen'in metni, metne kendi teması olarak sahiptir. Ya da daha doğrusu, hakikatin uzamında metnin bir örtü olarak belirlenimi, metnin bir *aletheia* hareketine indirgenmesi. Masal, Freud'un metnini, bu metin, metni, örneğin masalın metnini, çıplaklık rüyasının çıplaklığının bir *Einkleidung*'u olarak açıkladığında sahneye koyar. Freud'un ikincil ayrıntılı açıklama hakkında ifade ettiği şey (Freud'un açıklayıcı metni), artık kendisini sahneye konmuş ve açıklanan metinde (Andersen'in masalı) hemen temsil edilmiş bulur. Andersen'in masalı, *ayrı-*

ca analitik sahneyi, analistin konumunu, analistin söylem biçimlerini, aradığı ve bulduğu şeyin metaforik-kavramsal yapılarını da betimliyordu. Bir metin kendisini ötekinde bulur, ötekinde bulunur *[se trouve]*.

Öyleyse bu, iki metin arasında hiçbir fark olmadığı anlamına mı gelir? Kesinlikle hayır, pek çok fark vardır. Ancak ortak içerimleri, sanılabileceğinden daha fazla çarpıtılır. Freud'un metninin bilimsel bir değere sahip olduğu ya da böyle göründüğü söylenecektir: Freud'un metni, edebi bir kurgu değildir. Ancak bu tür bir ayrıma yönelik son tahlilin kriteri nedir? Biçimsel bir bakış açısından onun apaçıklığı, anlamsal bir bakış açısından daha kesin görünmez. Onların içeriklerinin eşdeğer olduğu, aynı şeyi ifade ettikleri söylenebilir. Freud'un metninin "biçim"ine gelince, bir sınıflandırılmış kurgusal türden türediği kadar, geleneksel bilimsel söylemden de türer. Bir yasa bildiriminin bir örneğin anlatımına bağlanması gibi, *Traumdeutung* da *Kral Çıplak*'a bağlanır mı? Ancak burada örnek, dil örneğidir; olayın, bilim söyleminin ima edildiği (kral, yasa, hakikat, çıplaklık vb.) örtüler içinde kaybolduğu dil örneği.

Bilimi kurgudan ayırt etme girişiminde, nihayetinde hakikat kriterine başvurulacaktır. Ve "hakikat nedir?" diye sorulduğunda, uygunlaşma ya da *homoiosis* ara duraklarının ötesinde, örtüyü kaldırma, açığa vurma, çok iyi olmasa da onun Varlık'ında olan şeyin açıkça ortaya konulması nosyonuna hemen geri dönülecektir. Öyleyse, *Kral Çıplak*'ın, bizzat hakikati, yani bir soyma olarak ve kralın, efendinin, babanın, tebaanın bir soyunması olarak gerçek olanın olanağını sahneye koymadığını kim iddia edecek? Ve eğer soyunma utancı, kadınla ya da kastrasyonla ilgiliyse, kral figürü burada bütün rolleri oynar.

Öyleyse bir "edebiyat," hakikat gibi bir şeyi üretebilir, sahneye koyabilir ve öne sürebilir. Bu yüzden o, muktedir olduğu şeyin hakikatinden daha güçlüdür. Bu tür bir edebiyat, kendisinin, bizzat bu edebiyatın ürettiği şeyden çıkan psikanalitik şemalara göre okunmasına, sorgulanmasına ve hatta deşifre edilmesine olanak tanır mı? Soyunmanın soyunması, Freud'un ortaya koyduğu şekliyle, Andersen'in masalıyla ikincil olarak ayrıntılı biçimde açıklanan ya da kılık değiştiren *(eingekleidet)* türden çıplaklık motifinin soyunması, masal tarafından hemen teşhir edilmiş/kılık değiştirmiş olacaktır. Böylelikle bu, artık kararlaştırılabilir hakikat uzamına ait değildir. Belirlenecek dipsiz bır yapıya göre, bu uzam, simülakrum güçleri tarafından sınırlarının ötesine taşınır. Analitik sahne, soyunma ve *Einkleidung*'un oluşumunun bozulması, bunların hepsi, *Kral Çıplak* tarafından, öyle yapıyor görünmeden, efendi anlamın, anlamın efendisinin, hakikatin kralının ve kralın hakikatinin örtüsünü açan bir yazı sahnesinde üretilir. Psikanaliz, deşifre ettiği metnin içinde kendisini –bulduğu tek şeyi– bulur, kendisi bulunur *[se trouve]*. Kendisinden fazlasını bulur. Bunun, hakikate ve metne ilişkin sonuçları nelerdir? Nereye yönlendiriliyoruz?

KANIT FAZLALIĞI YA DA YERİNDEKİ EKSİKLİK

biraz fazla apaçık

Bu soruda söz konusu olan şey, çok farklı şekillerde ölçülebilir. Göndermede bulunabileceğim kültürel alanın sınırları içinde ve başka yerde[37] başlayan bir çözümlemeyi göz önünde tutarak, bu gün bu sorunsalın ayrıntılı açıklamasının aşamalarından birinin, Jacques Lacan tarafından önerilen Freud okuması olması gerektiğine ve daha sınırlı biçimde, burada bana sunulan zaman aralığında "*Çalınan Mektup* Üzerine Seminer"[38] olması gerektiğine inanıyorum.

Fransa'da psikanalizin damgasını vurduğu "edebi eleştiri," metin sorununu ele almamıştı. İlgisi, zenginliği gibi, başka yerdeydi. Haklı olarak, açıkça, Marie Bonaparte'ın psikobiyog-

---

37 Çeşitli yerlerde ve daha ayrıntılı biçimde bazı dipnotların, ihtiyatla kenara bırakılan, karanlıkta saklı hayvan-makinaları olan, bir uzamın ve bir mantığın güvenliğini tehdit eden Freud'un küçük metinlerini, kendi programlarında ortaya çıkarmada aktif bazı dipnotların birleşik sonucuna göre. Burada, özellikle, Writing and Difference'da (1966-1967) "Freud and the Scene of Writing"i ("The Note on the Mystic Writing Pad" 1925'le ilgili); Dissemination'da (1969-1972) "The Double Session"ı (Das Unheimliche 1919'la ilgili, özellikle bkz., dpnt.: 32, 52 ve 67); yine Dissemination'da "Outwork"ü (Das Medusenhaupt 1922'yle ilgili bkz., dipnot: 38) önvarsaymalıyım. Positions'da bir dipnot (1971-1972, s. 107, dpnt: 44), ilkin 1971 Kasım'ında Johns Hopkins Üniversitesi'nde bir konferans konusu olan "Çalınan Mektup Üzerine Seminer"in bu okumasını duyurmuştu.

38 Baştan sona "Seminer"in, French Freud, Yale French Studies'de (no. 48, 1972) yer alan, Jeffrey Mehlman tarafından çevirilen İngilizce versiyonuna göndermede bulunacağım. Bütün göndermeler, metinde S harfi ve sayfa numarasıyla verilecektir (İng. çev. n.).

rafisinden, maddesel imgelemin psikanalizlerinden, varoluşçu psikanalizden, psiko-eleştiriden, psikanalizle renklendirilmiş tematik fenomenolojiden vb. söz edilebilir.

Bu, "*Çalınan Mektup* Üzerine Seminer"de tamamıyla tersidir. Ya da öyle görünür. Lacan, hiçbir zaman doğrudan ya da sistematik olarak "edebî" adıverilen metinle ilgilenmemiş olsa da ve *Das Unheimliche* ["Tekinsiz"] sorunsalı bildiğim kadarıyla onun söylemine girmese de, gösterenin mantığının, naif anlambilimciliği bozduğu yazılarında, genel metin sorunu sürekli iş başındadır. Ve Lacan'ın "üslup"u, neredeyse sürekli, yazının ötesinde yalıtılabilir bir içeriğe, açık, belirlenebilir bir anlama erişimi denetlemek için yapılandırılmıştır.

İlgimizi bekleyen üç başka iddia. Bunlar, daha kesin biçimde "*Çalınan Mektup* Üzerine Seminer"den kaynaklanıyor.

1. "Seminer," Poe'yla, *Das Unheimliche*'yi harekete geçiren ve onun sınırlarını aşan fantastik adı verilen edebiyatın bir örneğiyle ilgileniyor.

2. Kronolojik olarak Lacan'ın *Ecrits*'inin ilki olmasa da "Seminer," derlemenin başına yerleştirilir, kendisine belirleyici stratejik bir konum bahşeden bir açılışla sunulur.[39] Ve tam da

39 1955'te sunulan, 1956'da yazılan, 1957'de yayınlanan "Seminer," 1966'da kronolojik olmasa da muhtemelen yalnızca teorik-didaktik sistemden kaynaklanmayan bir düzen içinde, Ecrits'in başında yerini alır. Bu düzen, muhtemelen Ecrits'in belirli bir sahnesini düzenleyebilir. Herhalükârda bu öncelik zorunluluğu, kendisini "Points" derlemesinde (1970) Ecrits'in sunumuyla onaylanmış, hatırlanmış ve vurgulanmış bulur: "... başka bir yerde sahip olduğu giriş konumunu koruyan metin ele alınacak..." Burada sorulan soruların anlamını sınırlamayı arzulayabilecek herkes için, onların, "yazar"ının bu Seminer'e verdiği yerde, giriş konumunda içerilmelerini hiçbir şey engellemez. "Le poste [konum anlamında] la poste'tan [mektup anlamında] cinsle ayrılır," der Littre. [Lacan'ın çeşitli basımlarına ve çevirilerine ilişkin bir açıklama: Derrida, baştan sona Lacan'ın Ecrits'inin iki Fransızca baskısına göndermede bulunur, bütünlüklü tek ciltlik edisyon (Paris: Seuil, 1966) ve Lacan tarafından yazılan yeni bir önsözü içeren, Points derle-

açılıştan itibaren, Çalınan Mektup'un çözümlemesi, bir düşünce sınırıyla, kurguyla ilişkisi içinde hakikat sorunuyla öngörülür. Daha sonraki bir zamana ait olmasına rağmen "Seminer"e, sıralamada [Ecrits'in sıralamasında] açılış ayrıcalığını bahşettikten sonra Lacan, ona "kurguya yerleştiğinde hakikatten daha fazla taklit edilme"yen şey adını verir. Kurguya yerleşmek: bu, hakikat için, kurguyu gerçek ya da hakikati kurgusal kılmak mıdır? Bu, bir alternatif midir? Gerçek ya da kurgusal bir alternatif mi?

3. Son olarak, "Seminer," 1919'dan 1920'ye metinler grubu içinde *(Beyond the Pleasure Principle [Haz İlkesinin Ötesinde], Tekinsiz)* en azından ilkece (bkz., *The Double Session,* dpnt. 52 ve 67) psikanalizin edebî kurguyla ilişkisini dönüştüren "yineleme zorlanımı" *(Wiederholungszwang)* üzerine bir incelemeye aittir. Lacan'ın tüm eserleri, Jenseits sorunsalının *(Haz İlkesinin Ötesinde)*, pek çok psikanalist için mitolojik, şiirsel ve spekülatif görünen bu sorunsalın ciddi biçimde ele alınması gerektiğini öne sürer. Öyleyse mesele *Wiederholungszwang*'ı yeniden ele almak ve onun sonuçlarını, gösterenin mantığı içinde izlemektir: "Soruşturmamız bizi, yineleme otomatizminin[40] *(Wiederholungszwang)*, temelini, anlamlandırma zinci-

---

mesinde yayınlanan iki ciltlik seçki (Paris: Editions de Minuit, 1970). Birinci edisyona başından sonuna Ecrits (F) olarak, ikinci edisyona Points olarak göndermede bulunacağım. Bir seçki olan, yine Ecrits olarak adlandırılan Alan Sheridan tarafından çevirilen İngilizce versiyona (New York: Norton, 1977), Ecrits (E) olarak göndermede bulunulacaktır. İngilizce versiyon, "Seminer"i içermiyor, bu yüzden burada Mehlman'ın çevirisine göndermede bulunuyorum. Çevirenin notunda Alan Sheridan, İngilizce Ecrits'in makale seçiminin "Lacan'ın kendisinin" seçimi olduğunu bildirir (s. vii). Bu yüzden belirlenecek nedenlerden dolayı bir değişiklik oldu: bu "Seminer," artık Lacan'ın daha önceden vurguladığı giriş konumuna sahip değildir ve biraz önce belirtildiği üzere ciltte yer almaz.]

40 Lacan, Wiederholungszwang'ı, Mehlman'ın açıkladığı (S., s. 39, dpnt. 1) nedenlerden dolayı sürekli olarak "repetition automatism"iyle ("yineleme otomatizmi") karşılar. Daha iyi bilenen İngilizce terim, "repetition compulsion"dır ("yineleme zorlanımı") (İng. çev. n.).

rinin direnmesi adını verdiğimiz şeyde bulduğunu kavrama noktasına taşımıştır. Bizzat bu nosyonu, Freud'un keşfini ciddiye alırsak, bilinçdışının öznesini kaçınılmaz olarak yerleştirmemiz gereken *ex-sistence*'ın (ya da ayrıksı yerin) bir bağlaşığı olarak ayrıntılı biçimde inceledik" (S., s. 39). Bunlar, "Seminer"in açılış satırlarıdır.

Aslında bu, "gösterenin özne üzerindeki üstünlüğünü," "gösterenin öznedeki egemenliğini" tanıtlayacaktır. Özne gösterenin, anlamın olduğundan daha fazla efendisi ya da yazarı değildir. Özne, anlamı ya da kökeni buyurmaz, yaymaz ya da yönlendirmez, onlara neden olmaz. Eğer gösterenin bir öznesi varsa o, gösterenin yasasına boyun eğerek vardır. Öznenin yeri, gösterenin yardımıyla, gösterenin gerçek topolojisiyle ve onun yerinden-edilmeleri kuralıyla verilir. İlk sonuç: bir "edebî" metnin bu çözümlemesi, yazara, yani psikobiyografisi Bonaparte'ın bütün çözümlemesini düzenleyen Poe'ya bir gönderme olmaksızın[41] (Freud, hiçbir zaman bundan vazgeçilmesi gerektiğine inanmadı) yapılır. Metnin yazarına böylesi çok gönderme. Ancak Poe, Lacan'ın *dolaşımını* (italik bana ait) incelediği "mektubun yazarı" değildir. Böylece ikinci sonuç, "mektubun yazarı" da "oyunun dışında kal[ır]." "Buradan itibaren mektubun yazarının sorumluluğu, onu elinde bulunduranın sorumluluğundan daha az önem taşır" (S., s. 58). Mektubun bir temellükü değil, elde bulundurulması vardır. Ne göndereni ne de alıcısı tarafından mektuba *asla sahip olunmaz*. "*Elinde bulunduran* diyoruz, *sahip olan değil*. Çünkü

41 Daha açık olması için hemen belirtelim: çözümleme, ileride göreceğimiz üzere, neredeyse tamamen yazara bir gönderme olmaksızın, yazara açıkça gönderme olmaksızın yapılır. Ecrits, çeşitli vesilelerle, analistin, yazara pisikobiyografik gönderme aracılığıyla ihanet ettiği "direnç"i açığa vurur. Bu şüphe onaylanırken, imzanın etkilerinin belirli bir biçimsel nötrleştirimine doğru genişletilebilir. Bu, bu soruların ayrıntılı açıklaması için başka bir (teorik ve teorikten daha fazlası) alanın açılışını ima eder. Tam da burada ilgilendiğimiz açılışı.

alıcının mektuba sahipliğinin, mektubu ele geçiren başka birinin sahipliğinden daha az tartışmalı olmayabileceği açık hale gelir..." (S., s. 58).

Görünüşte bu mektubun hiçbir sahibi yoktur. Görünüşte o, hiç kimsenin malı değildir. Hiçbir uygun anlama, görünüşte güzergâhıyla ilgili hiçbir uygun içeriğe sahip değildir. Öyleyse yapısal olarak o, *volante ve volée*'dir[42] [uçurulan, çalınan]. Ve eğer mektup, bir anlam taşısaydı ya da en azından anlamının içeriği tarafından kurulsaydı, kendisini bu anlamın okunabilirliğiyle anlamlı olmaya ve belirlenmeye sınırlasaydı, bu hırsızlık/uçurma gerçekleşmezdi: "Eğer mektubun kendisi tek bir anlamla yetinseydi, eğlenceli oyunlarını izlediğimiz kibar toplumun hareketinin de, hiçbir anlamı olmayacaktı" (S., s. 56).

Lacan, mektubun hiçbir anlama sahip olmadığını söylemez: mektup, tek bir anlamla yetinmez. Bu, sahip olmayla, anlamla anlaşılabilir ve öyle ya da böyle kendisini yerinden-eden ve harekete geçiren bu mektupta anlamdan başka bir şey vardır. Bu da, bir anlama sahip olmakla, bir anlamla anlaşılabilir ve muhtemel çoğulluk, itki sağlar. Herhalükârda anlamla ilişkili olarak, Lacan'a göre, bizzat mektup bir anlama sahip olmakla yetinmez. Eğer anlamla ilişkili olarak Lacan'a göre, bizzat mektup bir anlama, yalnızca tek bir anlama sahip olmakla yetinseydi, ne olurdu? Henüz orada değiliz.

Görünüşte gösterenin, yayıcı kökenine geri götürülmesine izin verememesi, ne gösterilene ne de özneye dayanması, aksine kendi hareketleri aracılığıyla onları belirlemesi ("gösterenin yerinden-edilmesi ... kendi eylemlerinde ... özneleri belir[ler]" (S., s. 60) –bütün bunlardan sonuç olarak şu çıkacak-

42 The Purloined Letter, Fransızca'da La lettre volée'dir. Voler, çalmak ve uçurmak çift anlamına sahiptir: böylece, çalınan mektubun anlamı daima uçar, o yapısal olarak volante ve volée'dir (uçurulan, çalınan) (İng. çev. n.).

tır: kendi mektubu içinde, mühürlü bir metin olarak ve bir alan olarak gösteren, sürer ve sona erer. Böylelikle biz, iki kalana [remainder] *sahip oluruz*. 1. Kesinlikle bir fazlalık olmasından dolayı yok edilebilen bir kalan. Bakan, çaldığı mektubun yerini alması için arkasında bir mektup bırakmıştı: "Kendisiyle ne yapacağını her zaman bilmeksizin önemli olan her şeyi elinde tutmak üzere eğitilmiş hiçbir analistin gözden kaçırmayacağı bir *kalan [remainder]*: Bakan tarafından bırakılan ve Kraliçe'nin buruşturup atmakta serbest olduğu mektup" (S., s. 42). 2. Kesinlikle uçucu olduğundan dolayı yok edilemeyen bir kalan, yinelemeyi ve "davranış sürekliliği"ni belirleyen çalınan mektubun unutulmaz direnişi: "Öyleyse Bakan, anlamsız hareketsizliğinde *bütünüyle* deli değildir ve bu yüzden nevroz durumuna uygun hareket edecektir. Unutmak için bir adaya çekilen, neyi unutacağını unutan adam gibi, unuttu –böylece Bakan mektubu kullanmamakla onu unutmaya başladı. Davranışının sürekliliğiyle ifade edildiği üzere. Ancak nevrozlunun bilinçdışından başka bir şey olmayan mektup, onu unutmaz. Öylesine unutmaz ki, onu, giderek artan biçimde mektubu kendi ele geçirişine sunan kadının imgesine dönüştürür; öyle ki, artık o, kadının örneğini izleyerek mektubu benzer bir ele geçirişe teslim edecektir.

"Bu dönüşümün özellikleri belirtiliyor ve açık nedensizlikleri içinde öylesine karakteristik bir biçimde belirtiliyor ki, bastırılanın geri dönüşüyle geçerli biçimde karşılaştırılabilirler" (S., s. 65).

Belirli bir anlambilimciliğin eleştirisi, metne ilişkin bir teorinin ayrıntılı açıklamasında zorunlu bir evreyi oluşturursa, o zaman "Seminer"de bütün bir post-Freudcu psikanalitik eleştiri türüyle ilgili çok açık bir ilerleme fark edilebilir. Bir metnin anlamsal yani tematik içeriğine doğru acele edilmeksizin, gösterenin düzenlenmesi göz önünde bulundurulur. Biçimselliğiyle olduğu kadar maddeselliğiyle de.

Maddeselliğiyle: duyusal gösterenin empirik maddeselliği (*scripta manent*) değil, bir yandan, belirli bir bölünemezliğe bağlı olan (bu "maddesellik pek çok bakımdan tuhaftır [singulière]; bunlardan ilki onun bölünmeyi kabul etmeyişidir. Bir mektubu küçük parçalara ayırın, o, mektubun kendisi olarak kalır –ve bu *Gestalttheorie*'den tamamen farklı bir anlamda, onun bütüne ilişkin nosyonunu haber veren gizli dirimselciliği ile açıklamada bulunabilir" S., s. 53) ve diğer yandaıı, belirli bir alana bağlı olan maddesellik. Kendisi empirik-olmayan ve *gerçek-olmayan* bir alan, çünkü olduğu yerde olmayana, yani "kendi yerinde olmayan" şeyin bulunduğu yerde bulunmamasına ya da (ancak bu aynı şey değil midir?) *bulunmadığı yerde bulunmasına* [se trouve] yol açar. Bölünemezlik (bölünmeden korunma) ve alan nosyonları birbiriyle uyumludur; birbirlerini koşullandırırlar ve daha sonra onları eşzamanlı olarak incelememiz gerekecek. Onların işlevi, muhtemelen bir yerde, bir kez daha imzayı tekil olana uygun biçimde bağlayan yere dikkatimizi çekip, bizi ona ulaştırabilecek. Karşılığında almış olduğu güvene mukabil, gösterenin birliği bunu güvence altına alır. Ancak henüz orada değiliz. İşte her şeyden önce *mektup* ya da *gösterenin maddeselliği* kavramsal başlığı altında bölünemez olanı yerel olana yapıştıran şey: "Ancak öncelikle üzerinde ısrar ettiğimiz şey, gösterenin maddeselliği ise, bu maddesellik pek çok bakımdan *tuhaftır [singulière]*; bunlardan ilki onun bölünmeyi kabul etmeyişidir ... Çünkü gösteren, doğası itibarıyla yalnızca yokluğun simgesi olarak kendi biricikliği içinde bir birimdir. Bu yüzden, çalınan mektubun diğer nesneler gibi, belirli bir yerde olması ya da olmaması gerektiğini değil, nereye giderse gitsin, diğer nesnelerden farklı olarak nerede olacağını ve olmayacağını söyleyebiliriz ... Çünkü bir şeyin yerinde olmayışından, ancak onu değiştirebilen şeye, yani Simgesele ilişkin olarak *tamı tamına [à la lettre]* söz edilebilir. Çünkü kendisini hangi karışıklığa tâbi kılarsak kılalım, gerçek daima yerindedir; onu kendisinden uzaklaştıracak şeyden habersiz, topuğuna yapışmış karışıklığı taşır" (S. s. 54-55)

Mektup [lettre] sorunu, gösterenin maddeselliği sorunu: muhtemelen, *manque à sa place* [yerinde olmayış, yerindeki eksiklik] ifadesinde bir harfi [lettre*], belki de bir harften daha azını bile değiştirmek yeterli olacaktır; gösterenin bu atomistik topolojisinde eksiklik onun yerini almışsa *[manque a sa place]*[43], tanımlanmış sınırlarla belirli bir yeri işgal ediyorsa, o zaman mevcut düzenin bozulmuş olmayacağını açığa çıkarmak için, muhtemelen bu ifadeye bir a yani aksansız bir a yazılması, yeterli olacaktır: mektup her zaman kendisine ait yeri, kaçınılan bir eksikliği (kesinlikle empirik değil, ama aşkın, yine de daha uygun ve daha belirli bir eksikliği) yeniden-bulacaktır, mektup *uygun* ve uygun biçimde *döngüsel* bir güzergâhın dolambaçlı yolu aracılığıyla saklı ve yok edilemez olarak her zaman olmuş olacağı yerde, her zaman olması gereken yerde olacaktır. Ancak henüz orada değiliz.

Öyleyse Lacan, mektuba, yani gösterenin maddeselliğine karşı dikkatlidir. Aynı zamanda, gerçek atom alanını olduğu kadar, özneyi de belirleyen mektubun biçimselliğine karşı da dikkatlidir: "Öznellik kökensel olarak gerçekle değil, ancak gerçek içinde anlamlayıcı bir işareti doğuran bir sözdizimiyle ilişkilidir."[44]

Naif anlambilimcilikten ve psikobiyograficilikten bir kopuş, gösterenin mantığının ayrıntılı açıklaması (tam madde-

---

*_ "lettre" sözcüğünün aynı zamanda "mektup" anlamına geldiği de hatırlanmalıdır. (Türkçe'ye çev. n.).

43 Derrida, Lacan'ın gösteren olarak fallus kavrayışı, le manque à sa place'in, yerindeki eksikliğin, le manque a sa place'le, eksikliğin onun yerini almasıyla aynı şekilde sesletilmesi olgusuyla oynuyor. "Ya da yerindeki eksiklik," "onun yerini eksikliğin aldığı yer" vb. pek çok şekilde okunabilen bu okuma, bu bölümün alt başlığıyla ilişkilendirilmelidir. (İng. çev. n.).

44 Ecrits (F), s. 50. (İng. çev. n.).

selliği ve sözdizimsel biçimselliği içinde) Haz *İlkesinin Ötesinde* sorunsalının bir varsayımı: bunlar, "Seminer"de ilk bakışta okunabilir bir ilerlemenin en genel biçimleridir. Ancak kanıt aşırılığı, her zaman ek soruşturma talep eder.

Şimdi soruna daha fazla yaklaşmamız ve onu yeniden okumamız gerekiyor.

Başlangıçtan itibaren, klasik uygulamalı psikanaliz alanını fark ediyoruz. Burada, edebiyata uygulanmıştır. Statüsü asla incelenmeyen –Lacan'ın basitçe "kurgu" adını verdiği– Poe'nun metnine bir "örnek" olarak başvurulur. Didaktik bir işlem içinde, bir seminerin uygun konusunu biçimlendiren bir yasayı ve bir hakikati "betimleme"ye tahsis edilmiş bir örnek. Burada edebi yazı, betimleyici bir konuma taşınır: burada, bu örnekteki genel yasayı okumak, bir yasanın ya da bir hakikatin anlamını açıklamak, onları, çarpıcı ya da örnek oluşturacak biçimde aydınlığa kavuşturmak anlamında "betimlemek." Metin, hakikatin hizmetindedir ve üstelik öğretilen bir hakikatin hizmetinde: "Bu yüzden biz, bu gün sizin için, inceleme altındaki Freud düşüncesindeki bu uğraktan –yani özneyi kuran simgesel düzenden– çıkarılabilecek hakikati, bir öyküde öznenin bir gösterenin güzergâhından aldığı kesin yönelimi tanıtlayarak betimlemeye karar verdik.

"Kurgunun kendi varoluşunu olanaklı kılanın, bu hakikat olduğunu kaydedelim" (S., s. 40).

Yine betimleme ve yönlendirmenin, Freud'un yönlendirmesinin betimlemesi: "Yorumda bulunduğumuz metinde Freud'un bize öğrettiği şey, öznenin, simgeselin kanallarından geçmesi gerektiğidir, ancak burada betimlenen şey, daha da ilgi çekicidir: bu, yalnızca özne değil, öznelerarasılıkları içinde kavranan, sıralanan öznelerdir ..." (S., s. 60).

"[İ]nceleme altındaki Freud düşüncesindeki bu uğraktan ... çıkarılabilecek hakikat," en dekoratif ve pedagojik edebî betimlemenin kendisiyle koordine edildiği hakikat, göreceğimiz üzere şu ya da bu hakikat değil, ancak hakikatin kendisidir, hakikatin hakikatidir; bu, "Seminer"e katı felsefi anlamını kazandırır.

Öyleyse en klasik pratik, tanımlanabilir. Yalnızca felsefi "edebî eleştiri" pratiği değil, aynı zamanda Freud'un her seferinde, başka bir yerde başka tarzda ele aldığı bilgiyle, hakikatle ve yasalarla ilgili edebi örneklerden, betimlemelerden, tanıklıktan ve onaylamadan talep ettiği kendi pratiği. Ayrıca, Lacan'ın kurgu ve hakikat arasındaki ilişki üzerine bildirimleri, başka yerde daha az açık ve daha belirsiz olsa da, burada düzen hakkında hiçbir tereddüt yoktur: "Hakikat, kurguya yerleşir" bildirimi, ters bir biçimde, kurgunun, kendisine yerleşen hakikatten, kendi içine kaydettiği hakikatten daha güçlü olduğu tarzında anlaşılamaz. Aslında hakikat kurguya, evin efendisi olarak, evin yasası olarak, kurgu ekonomisi olarak yerleşir. Hakikat, kurgu ekonomisini yürürlüğe koyar, yönlendirir, düzenler ve kurguyu olanaklı kılar: "Kurgunun kendi varoluşunu olanaklı kılanın, bu hakikat olduğunu kaydedelim" (S., s. 40).

Öyleyse mesele, kurguyu hakikat içinde temellendirmek, kurguyu hakikat içindeki olanağının koşullarından emin kılmak ve bunu, hatta *Tekinsiz*'de olduğu gibi, edebî kurgunun psikanalitik bilginin genel yasasına sonsuzca yinelenen direncini belirtmeksizin yapmaktır. Ayrıca Lacan, hiçbir zaman bir edebî kurguyu diğerinden neyin ayırdığını sormaz. Her kurgu hakikat içinde kurulsa ya da hakikatle olanaklı kılınsa bile, muhtemelen hangi tür kurgudan edebiyat gibi bir şeyin, burada *Çalınan Mektup*'un türediğinin ve kendisini olanaklı kılar görünen şey üzerinde bunun ne tür etkilerinin olabileceğinin sorulması gerekir.

Bu ilk sınır, "Seminer"in tümünü içerir ve onun üzerine kendi damgasını sonsuzca yeniden basar: edebî örneğin ürettiği şey, bir mesajdır. Freud'un öğretisinden hareketle deşifre edilmesi gereken bir mesaj. Yeniden basım: "Bu Derlemenin Başlangıcı" (Ekim 1966, "Seminer"den on yıl sonra) şunu belirtir: "Okunmak için deşifre edilen ve okurdan geri gelen Poe'nun mesajı, kendisinin, kurguya yerleştiğinde hakikatten daha fazla taklit edilmeyeceğini söyler" (*Ecrits*, s. 16).

Lacan'ın, unsurlarına, kökenine, varacağı yere ayrıştırarak, kendi hakikati içinde açığa çıkararak çözümlediği şey, bir öyküdür [histoire].

Öykü [histoire] sözcüğü, ikinci sayfada en az dört kez görünür. Bir örnek olarak hizmet eden şey, bir "öykü"dür:

a) "Bu yüzden biz, bu gün sizin için, inceleme altındaki Freud düşüncesindeki bu uğraktan –yani özneyi kuran simgesel düzenden– çıkarılabilecek hakikati, bir öyküde [histoire] öznenin bir gösterenin güzergâhından aldığı kesin yönelimi tanıtlayarak betimlemeye karar verdik" (S., s. 40).

b) "Kurgunun kendi varoluşunu olanaklı kılanın, bu hakikat olduğunu kaydedelim. Ve bu durumda bir fabl, onu açığa çıkarmak için başka bir öykü [histoire] kadar uygundur..." (S., 40; değiştirildi).

c) "Bu yüzden, daha ileri gitmeden örneğimizi, –incelemesinden ancak son zamanlarda yararlandığımız– tek mi çift mi oyunu diyalektiğinin ortaya çıktığı *öyküden [histoire]* seçtik" (S., s. 40; değiştirildi).

d) "Şüphesiz ki bu *öykünün [histoire]*, zaten içinde destek bulan bir soruşturma sürecinin uygulanmasına elverişli olduğunu göstermesi rastlantı değildir" (S., s. 40; değiştirildi).

Bu öykü, kesinlikle bir mektubun öyküsüdür, bir gösterenin çalınışının ve yerinden-edilişinin öyküsü. Ancak "Seminer"in ele aldığı şey, yalnızca bu öykünün içeriğidir, haklı biçimde onun tarihi olarak adlandırılan şeydir, anlatıda aktarılan şeydir, anlatının içsel ve anlatılan yüzüdür. Anlatının kendisi değildir. "Seminer"in kendi mektubunda gösterenin etkisine yönelik ilgisi, bu etkiyi, kesinlikle ilk yaklaşımda Poe'nun kurgusunun yazımına, gösterenine, anlatı biçimine karşıt olarak, örnek içeriğini, anlamını, yazdığını kurduğu ölçüde bu etkiyi yakalar. Bu yüzden gösterenin yerinden-edilişi, bir gösterilen olarak, bir kısa öykünün aktarılan konusu olarak çözümlenir.

Verili bir anda, Lacan'ın (anlatılan) anlatıyı, içinde sürdürüldüğü yazı sahnesinin karmaşık yapısını, anlatıcının çok olağandışı yerini göz önüne almaya hazırlandığına inanılabilir. Ancak göz atılır atılmaz, analitik deşifreleme bu yeri dışlar, onu nötrleştirir ya da daha doğrusu, satırlar boyunca izleyeceğimiz üzere, anlatıcının, bütün "Seminer"i içerikle büyülenmiş bir çözümlemeye dönüştüren nötrleştirici dışlamanın ("yorum" olarak "anlatı") bir sonucunu dikte etmesine olanak tanır. Bu da, "Seminer"in bir sahneyi kaçırmasına neden olur. O, iki sahneyi görürken ("İki sahne vardır." S., s. 41), aslında üç sahne vardır. En azından. Ve bir ya da iki "üçlü" görürken, daima açılışı, hesapları karıştıran bir karenin eklenmesi vardır.

Bu nötrleşme nasıl işler ve amaçları değilse bile sonuçları nelerdir?

Öyleyse, anlatıcının konumu ve anlatma işlemi "Poe'nun mesajı"nı deşifrelemeye müdahale edecek göründüğünde, bir başlangıç anı vardır. Hikâyenin sunulduğu anda ortaya çıkarılan belirli farklar, bu yönde ilerler: "Bildiğiniz üzere, Baudelaire'in "La lettre volée" başlığıyla çevirdiği hikâyeden söz ediyorum. İlk okumada, bir dramayı, onun anlatısını ve bu anlatının koşullarını ayırt edebiliriz" (S., s. 41). "Drama," aktarılan eylem, "Seminer"in kendi konusunu biçimlendiren (anlatılan) *tarih*'tir *(history)*. Anlatıcıya gelince, tam da başvurulduğu anda, onu, dramayı "ikiye katlayan" bir "yorum"a, kendisine özgü hiçbir müdahalesi olmadan şeffaf bir unsur gibi genel bir yarı saydamlığı sahneye koyan ve görünür kılan bir şeye indirgenmiş buluruz. Daha sonra mesele, "genel anlatıcı" meselesi olacaktır. "Aslında anlatı, dramayı, kendisi olmaksızın hiçbir *mise en scène*'in olanaklı olmadığı bir yorumla ikiye katlar. Olayın, doğrusunu söylemek gerekirse, tiyatroda görünmediğini belirtelim –kesinlikle ve dramatik zorunlulukla, diyalogun bir seyirci için sahip olabileceği herhangi bir anlamdan yoksun olduğu olgusu yanında: başka bir deyişle, dramaya ilişkin hiçbir şey, söylemek cesaretinde bulunabilirsek, her sahnede anlatının, oyunculardan birinin kendisini oynarken sahip olduğu bakış açısı üzerinde dolaylı ışıklandırma olmadan kavranamaz, ne görülebilir, ne de işitilebilir.

"İki sahne vardır..." (S., s. 41; değiştirildi). Bunu, iki üçgenin, "hikaye"nin içeriğinin, analitik deşifreleme konusunun çözümlemesi izler.

Bundan sonra anlatıcıya, anlatıya ve *mise en scène*'in işleyişine, sahnelemeye artık bakılmaz. "Seminer"in geri kalan kısmında, yani aktarılan öykünün içinde bulunanı, Lacan'ın "tarih" ya da "drama," "gerçek drama" dediği şeyi ("iki sahnesinden her biri farklı bir diyalog boyunca anlat"ılır S., s. 47) kuran "öznelerarası üçlüler" adı verilen üçlülerin çözümlemesiyle sürecek olan kısmında, anlatının her iki yanındaki anlatıcının kökensel yeri, söyleminin –nötr olmayan ya da nötrlük sonucu nötr olmayan– özgül statüsü, müdahaleleri ve hatta psikanalitik konumu asla sorgulanmayacaktır. Anlatıcıya ve anlatı eylemine yönelik bütün imalar, onları, böylelikle açıkça sınırlandırılmış tarzda mesajın analitik deşifrelenmesine teslim edilecek "gerçek drama"dan (iki üçgen sahne) dışlamak için yapılır. Bu, *Çalınan Mektup*'u bölen iki diyalogu izleyen iki uğrakta gerçekleştirilir.

İlk uğrak. Dışlama, oldukça açıktır; yapabileceği her şeyi ona yardım etmek için yapar görünen Poe'nun metni tarafından kolaylaştırılır. Bu, Lacan'ın *kesinlik* dediği şeyin uğrağıdır. Anlatıcı, "genel anlatıcı" olarak isimlendirilir; o, anlatının nötr, homojen, şeffaf unsuru gibidir. "Hiçbir şey eklemez," der Lacan (S., s. 48). Sanki bir sahnede müdahale etmek için bir ilişkiye bir şey eklenmek zorundaymış gibi. Özellikle bir anlatı sahnesinde. Ve sanki onun soruları, değerlendirmeleri ve nidaları –bunlar, Lacan'ın "birinci diyalog" olarak ayırdığı genel anlatıcı adı verilen anlatıcının müdahale biçimleridir– hiçbir şey eklemiyormuş gibi. Ayrıca, bu "birinci diyalog" başlamadan önce bile, "genel anlatıcı" daha sonra dönmek zorunda kalacağımız şeyler söyler. Son olarak, sahneye koyduğu şeyde sahnede olan anlatıcı, sırasında genel anlatı adı verilen anlatıdan daha uygun bir metinde sahneye konulur. Onu, nötr bir geçiş yeri olarak düşünmemek için ek bir neden. "Seminer," sınırlarını aşan bu metne hiçbir özel dikkat göstermez: daha çok, kendi temel konusu olarak "anlatılan" iki üçgen sahneyi, "iki gerçek drama"yı, genel anlatıcı olan dördüncü karakteri, onun anlatma işlemini ve anlatıyı ve anlatıcıyı sahneye koyan metni eşzamanlı şekilde nötrleştirerek yalıtır. Çünkü bir metin ve kurgu olarak Çalınan Mektup, ne üçgen dramalarla ne de çözümlemesini burada ertelediğimiz bir tarzda kendisini bu dramalara sokarak onları sahneye koyan anlatıyla başlar. Ve ne de Poe'nun metni, bu dramalarla biter. *Çalınan Mektup* –*Çalınan Mektup* tarafından taklit edilen– *Çalınan Mektup* aracılığıyla çalınan mektubun vb. "gerçek drama"sını aktarma taklidi yapan bir anlatıcıyı ve bir yönetmeni sahneye koyar. Anlatılan üçgeni temelden yoksun kılan pek çok eklenti. Genel anlatıcı adı verilen anlatıcının, hem de birinci diyalogdan önce, daima bir şeyler eklediğini; onun, anlatının genel olanağının koşulu değil, çok sıradışı statüyle bir aktör olduğunu düşünmek için pek çok neden. Dışlamanın ilk uğrağı adını verdiğim şeyde Lacan'ın onun hakkında söyledikleriyle yetinmemek için pek çok neden. Eğer genel anlatıcının filtresi, "rastlantısal bir düzenleme" değilse, eğer bu bize "mesaj"ın aslında "dil boyutuna ait olduğu"nu hatırlatıyorsa, o zaman bu dördüncü konum, onun genel bir araç olduğu açıklaması altında, "gerçek drama" açıklamasında içerilen nesneyi biçimlendiren üçgen sahnelerden dışlanamaz.

İkinci uğrak. Söz konusu olan, Lacan'ın, daha sonra dönmek zorunda kalacağımız, anlatıcının söylediği şeylerin yer aldığı, bu kez iki diyalog arasındaki diyalog biçiminde olmayan uzun bir paragrafı yine gözardı ederek, bir "ikinci diyalog" olarak ayırdığı ya da çerçevelediği şeydir. Bu "ikinci diyalog" boyunca, "kesinlik"in kaydından, "hakikat"in kaydına, "doğrusunu söylemek gerekirse, tam da öznelerarasılığın temeline" (S., s. 49) geçeriz. Bu kez, anlatıcının özgül konumunun bir çözümlemesi beklenir. Lacan aslında şunları belirtir:

"Böylece, dolaylı anlatım dilbilimsel boyutu eleyerek ayırır ve genel anlatıcı onu kopyalama yoluyla 'varsayımsal olarak' ona hiçbir şey eklemez. Ancak onun ikinci diyalogtaki rolü, tamamen farklıdır" (S., s. 48).

Hayır: çünkü onun rolü, birinci diyalogda tamamıyla farklıydı ve Lacan, ikinci diyalogda meseleleri tamamıyla farklı bir biçimde ele almaz. Anlatıcıyı, tek işlevi Dupin'in, tam da hilelerinin nasıl işlediğini gösterir gibi yaptığı anda, bizi (anlatıcıyı ve bizi) "gerçekten" aldattığı bu noktada aldatmasına, pasif anlatıcıyı aldatarak bizi aldatmasına, hilelerini "yalnızca daha saf biçimde" yapmasına olanak tanımaktan oluşan hazne ya da aracı veya salt biçimsel yardımcı olarak betimler.

"Ayrıca, bir insanın masaya bütün kartlarını açması tavrından daha inandırıcı ne olabilir? Hatta öyle ki, bir an için sihirbazın aslında, vaat ettiği gibi, hilesini nasıl gerçekleştirdiğini gösterdiğine ikna oluruz; oysa onu yalnızca daha saf biçimde yinelemiştir: bu noktada, gösterenin öznedeki egemenliğinin ölçüsünü anlarız.

"Bu, ... Dupin'in manevrasıdır" (S., s. 49-50).

Ancak buradan, anlatıcının pasif bir biçimde dinlemekle ve kendisinin gerçekten aldatılmasına izin vermekle yetindiği sonucu çıkar mı? Anlatıcı kendisi tarafından anlatılır anlatılmaz kim gerçekten aldatılır? Vb.

Anlatıcının bu nötrleşimi, "Seminer"i neye bağlar?

1. Anlatıcı (bir anlatan anlatıcı ve bir anlatılan anlatıcı olarak ikiye katlanmış, kendisini iki diyalogu anlatmakla sınırlandırmayan anlatıcı), açıkça ne (Poe adı verilen) yazarın kendisidir, ne de daha örtük biçimde bizim için bir şeyi anlatan ya da daha çok kendisi pek çok insanı her tür tarzda konuşturan bir anlatıcıyı konuşturan bir metnin kaydedenidir. Kaydeden ve kaydetme, ya yazar ve onun eylemleriyle ya da anlatıcı ve onun anlatısıyla ve hatta belirli konuyla, anlatılan içerikle, psikanalistin Poe'nun deşifre edilen mesajı olarak kabul etmekte acele ettiği "gerçek drama" adı verilen dramayla karıştırılmaması gereken kökensel işlevlerdir. Kendi bütünlüğü içinde kaydetmenin *–Çalınan Mektup* adı verilen kurgunun–, anlatıcısının "ben" dediği bir anlatıyla bütün yüzeyinin kaplanması, kurguyu bir anlatı ile karıştırmamıza olanak tanımaz. Ve hatta ne kadar uzun ve açık olursa olsun, kesinlikle verili bir anlatı bölümüyle de. Eğer kurgu etkilerinin araştırılması istenirse, burada çözümlemesinin çok ince biçimde ayrıntılandırılması gereken bir çerçeveleme, sınırlandırma ve sınır çizme sorunu vardır. Bu konuda bir sözcük bile söylemeksizin Lacan, metinsel kurguyu, genel anlatı adı verilen anlatıdan çıkardığı şeyin dışında bırakır. Anlatının bir sözcükle Çalınan Mektup başlıklı kurguyu aşmadığı olgusuyla bunu, çok daha kolay, biraz fazla apaçık biçimde kolay kılan bir işlem. Ancak bu, kurgudur. Anlatının etrafında, görünmeyen, ancak yapısal olarak indirgenemeyen bir çerçeve vardır. Bu çerçeve nerede başlar? Başlığın ilk harfiyle mi? Seneca'dan epigrafla mı? "Paris'te, ... hava karardıktan hemen sonra" ifadesiyle mi? Sorun,

bundan daha da karmaşıktır –buna daha sonra geri döneceğiz– ve şimdi bu karmaşıklık, çerçeveyi gözardı ederek yanlış anlaşılan metnin yapısı hakkında her şeye işaret etmekle de yetinir. Bu nötrleştirilen ya da doğallaştırılan çerçeve içinde Lacan, sınırsız anlatıyı ele alır ve yine çerçeveden vazgeçerek başka bir kaynağı işletir. Anlatının içinden anlatılan tarihi yani bir temsilin içeriğini, bir öykünün içsel anlamını, çerçevelenmiş bütünü biçimlendiren iki diyalogu dışarı çıkarır; bu, bütün dikkati gerektirir, bütün psikanalitik şemaları (burada Oedipal şemaları) harekete geçirir ve bütün deşifreleme girişimini kendi merkezine doğru çeker. Burada çerçeve, imza, *parergon* sorununun ayrıntılı bir açıklamasının eksikliği var. Bu eksiklik, gösterenin bir gösterilene doğru yeniden kurulması (gösterge mantığında her zaman kaçınılmaz olan bir süreç) sahnesine olanak tanır, yazının yazılana doğru, metnin söyleme, daha doğrusu "öznelerarası" bir diyaloga doğru yeniden kurulmasına olanak tanır ("Seminer"in yorumunun, yalnızca *Çalınan Mektup*'un iki diyalog bölümüyle ilgilenmesi rastlantısal değildir).

2. Burada her şeyden önce, çözümlemenin *biçimsel* bir sınırı vardır. Metnin biçimsel yapısı, çok klasik tarzda, onun "hakikat"inin, onun örnek oluşturucu mesajının, tam da sözde "deşifre edildiği" anda ve muhtemelen "deşifre edilmesi" ölçüsünde gözardı edilir. Kurgunun yapısı, tam da kendi hakikat koşuluna bağlandığı anda indirgenir. Bu, zayıf biçimciliğe yol açar. Biçimcilik uygulanır, çünkü belirli teorik durumlarda ilerlemeyi ya da meşru bir talebi bile kurabilen şeyle, özne-yazar ile ilgilenilmez. Ancak bu biçimcilik, yazarı dışlama mazeretinde, "kayıt-kurgu" ve "kaydeden-kurgulayan" ya da anlatan, anlatı ve anlatıcı artık göz önüne alınmazsa, katı bir biçimde hemen mantıkdışı olur. Bu biçimcilik, her zaman olduğu gibi, psikanalizin bütün yorum çalışmasını uyguladığı anlamsal bir içeriğin hileli kaynağını güvence altına alır. Biçim-

cilik ve hermenötik anlambilimcilik daima birbirlerini desteklerler: çerçeve sorunu.

3. Öyleyse sınır, yalnızca biçimsel bir sınır değildir ve şimdilik şiirsel kurgunun ya da anlatı yapısının bilimiyle ilgilenmez. Burada mesele, edebiyatı ya da edebî biçimi psikanalizin pençesinden kurtarma meselesi değildir –tam aksine. Edebiyata *uygulanan* psikanaliz ve bu uygulamadan kaçarmış gibi yapan biçimsel vazgeçiş arasında derin tarihsel ve teorik bir işbirliği vardır. Bunun ilkece nasıl işlediğini, biraz önce gördük. Burada önemli olan şey, biçimsel yetersizliğin anlamsal ve psikanalitik bir karar ima etmesidir. Anlatıcı, yazardan ve sonra "kaydeden"den ayırt edilir edilmez, o, artık, örneğin anlatanın anlatılanla karşıtlaştırılması gibi simetrik biçimde içerikle, karşıtlaştırılabilen anlatının biçimsel koşulu olmaz. Anlatıcı, özgül bir tarzda müdahale eder, böylece her iki "öznelerarası" üçgenle bitişerek, açılarından birinde diğer üçgenle bitişen bir üçgende eşzamanlı olarak *fazlasıyla apaçık* ve görünmezdir. Bu, tek başına, bu kez çerçevelenen, iki kere çerçevelenen sahnelerin, temsil edilen içeriğin içinden "öznelerarası" yapıyı karmaşıklaştırır. Bu karmaşıklığı hesaba katmamak, "biçimci" edebi eleştirinin bir başarısızlığı değildir; bu, anlambilimci psikanalistin bir işlemidir. Anlatıcı, "genel anlatıcı" olarak zayıflatılmaz ya da daha çok homojen genellik içinde kendisini zayıflatarak anlatılan anlatının, çerçevelenenin içinde bizzat tekil bir karakter olarak kendisini öne çıkarır. O, üçgenin (yeri geldiğinde kendisi bütün konumları temsil eden) Dupin aracılığıyla çok belirlenmiş, çok yatırım yapılmış bir ilişkiyi sürdürdüğü bir fail, bir "konum" oluşturur. Bu çetin tarzla çerçeveleyerek, yalnızca üçgenler görmek için anlatılan figürü dördüncü taraftan kopararak, muhtemelen belirli bir karmaşadan, belki de yazı sahnesinde ilan edilen Oedipal yapı karmaşasından kaçınılır.

Bunu daha somut biçimde göstermeden önce, kendisine ait

iki üçgen çözümlemesinde çerçevelenmiş içerik içinde Lacan'ı izleyelim. Bu, "Seminer"in özgül katkısını oluşturur. Kendi öncülleriyle ve çerçevelemesiyle başlayalım. Çerçeveyi, hem bir sınırlandırma hem de istikrarsız bir yapı, en azından dört kenarlı bir inşa olarak nötrleştirilebilirmiş gibi ele alalım.

"Üçlü," "üçgenler" ve "öznelerarası üçgen" ifadeleri, bu yolla deşifre edilen "gerçek drama"nın iki sahnesinin betimlenmesinde çok sık ortaya çıkarlar. Dışlanan dördüncünün bu mantığını hatırlamak ve açıkça yerleştirmek için ilkin uzun bir alıntı yapalım. Oedipus karmaşası hakkında:

> İki sahne vardır; bunlardan birincisini, doğrudan ve kesinlikle kasıtlı bir biçimde ana sahne olarak göstereceğiz; çünkü ikincisi, bugün göz önünde tutacağımız anlamda, onun tekrarı olarak düşünülebilir.
>
> Nitekim bir mektup aldığı sırada orada yalnız olan, "yüksek mevkili kişi" adı verilen en yüksek tabakadan kişinin Kraliçe olduğundan şüphelenmemiz için, ilk sahnenin kraliyet boudoir'ında gerçekleştiği söylenir [ne Poe ne "kaydeden" ne de anlatıcı tarafından, ancak bunların hepsi tarafından diyalog sahnesine sokulan Polis Komiseri G. tarafından "söylenir" –J. D.] Bu şüphe, bu açıklamadan önce, söz konusu mektuptan haberi olması halinde hanımefendinin onurunun ve huzurunun tehlikeye gireceği bize zaten söylenen [yine G. tarafından], diğer yüksek mevkili kişinin girişi üzerine kadının düştüğü sıkıntıyla pekiştirilir. Bakan D⊘'nin girişiyle başlayan sahne boyunca, bu kişinin aslında Kral olduğu konusunda hiçbir şüphe bırakılmaz. Aslında o anda Kraliçe, mektubu, masanın üzerine "adres üst tarafta kalmış, içinde yazılanlar okunama[z]" biçimde bırakarak, Kral'ın dikkatsizliğinden yararlanmaktan daha iyi bir şey yapamazdı. Yine de mektup Bakan'ın keskin gözlerinden kaçmaz. Bakan, Kraliçe'nin sıkıntısını fark etmekten ve böylece onun sırrını anlamaktan da geri kalmaz. Bu andan itibaren her şey, tıkır tıkır işler. Alışılmış tarzıyla günün işleriyle ilgilendikten sonra Bakan, cebinden, önündeki mektuba görünüş itibarıyla benzeyen bir mektup çıkarır, onu okur gibi yaparak diğerinin yanına koyar. Kraliyet mensuplarını oya-

lamak için bir müddet daha sohbet ettikten hemen sonra, hiçbir davranışını gözden kaçırmayan Kraliçe o an hemen yanı başında duran Kral eşinin dikkatini çekme korkusuyla müdahale edemezken, hiç tereddüt etmeksizin mektubu alıp sıvışarak, bu sıkıntı kaynağı mektubu ele geçirir.

Öyleyse her şey, hiç kimsenin duraksamadığı, *bölümü [quotient]* Bakan'ın Kraliçe'den mektubunu çalması –hatta birincisinden daha da önemli sonucu– Kraliçe'nin, Bakan'ın artık mektuba hiç de masum olmayan bir biçimde sahip olduğunu bilmesi olan bir işlemin varsayımsal bir izleyicisi tarafından görünmeden gerçekleşmiş olabilir.

Kendisiyle ne yapacağını her zaman bilmeksizin önemli olan her şeyi elinde tutmak üzere eğitilmiş hiçbir analistin gözden kaçırmayacağı bir *kalan [remainder]*: Bakan tarafından bırakılan ve Kraliçe'nin buruşturup atmakta serbest olduğu mektup.

İkinci sahne: Bakan'ın bürosunda. Mektup, onun otelindedir ve polisin oteli ve çevresini, Bakan'ın mutat gece gezintileri kendilerine olanak tanır tanımaz oraya dönerek, son on sekiz aydır baştan aşağı aradığını –Polis Komiseri'nin, burada Poe'nun muammaları çözmedeki özel dehâsını ikinci kez ortaya koyduğu Dupin'e yaptığı açıklamadan– biliyoruz. Aramalar boşuna –herkes bu durumdan, Bakan'ın mektubu elinin altında tuttuğu sonucunu çıkarabilse de.

Dupin, Bakan'a uğrar. Bakan, onu, kasıtlı umursamazlıkla, sohbetinde romantik bezginlik pozları takınarak kabul eder. Bu arada, bu pozlara kanmayan, gözleri yeşil gözlükle saklanan Dupin, daireyi teftiş etmeye girişir. Bakışları –görünüşte, şömine rafının ortasından gösterişli biçimde sarkan adi karton bir kartvizit kutusunun bir bölmesine dikkatsizce atılıvermiş– oldukça kırışık bir evrak parçasına takıldığında, aradığı şeyi bulduğunu artık bilir. Formatı dışında aynı olan çalınan mektup hakkında sahip olduğu tarifle çelişiyor görünen belirli ayrıntılarla inancı güçlenir.

Bundan sonra, ertesi gün –mevcut durumuyla mektubun bir kopyasını yanına alarak– geri almak üzere dönmek amacıyla, enfiye kutusunu masanın üzerinde "unutarak" ayrılır. Sokakta bu uygun an için hazırlanmış bir olay, Bakan'ı pencereye çektiğinde Dupin, mektubun yerine sahtesini koyma fırsatını ele geçirip, normal bir veda görüntüsü takınmaktan başka bir şey yapmaz.

Burada her şey, gürültüsüz olmasa da en azından telaşsız biçimde gerçekleşir. İşlemin bölümü, Bakan'ın artık mektuba sahip olmaması, mektubu kendisinden gasbeden suçlunun Dupin olduğundan şüphelenmekten uzak ve bundan habersiz olmasıdır. Ayrıca kendisine bırakılan şey, izleyen gelişmeler için önemsiz değildir. Dupin'in, sahte mektubuna kaydettiği mesajın nedenine döneceğiz. Durum ne olursa olsun, mektuptan faydalanmaya kalkıştığında Bakan, Dupin'in elyazısını tanıyabilmesi için yazılmış, Dupin'in Crébillon'un Atrée'sinde yer aldığını söylediği şu sözleri okuyabilecek: "*...Un dessein si funeste, S'il n'est digne d'Atré, est digne de Thyeste.*" ("Böylesine karanlık bir plan, Atreus'a yaraşmasa da, yaraşır Thyestes'e.")

Bu iki sekansın benzerliğini vurgulamamıza gerek var mı? Evet; çünkü aklımızdaki benzerlik, yalnızca onların farklarını silmek için seçilen basit bir özellikler yığını değildir. Ve sonuç olarak çıkacak en küçük bir hakikat için bu ortak özellikleri diğerleri pahasına elde bulundurmak yeterli olmayacaktır. Daha çok, çözüm getirmeyi amaçladığımız iki olayın kaynaklandığı öznelerarasılık ve bir o kadar da kendileriyle onları yapılandırdığı üç terim alıkonulacaktır.

Bu terimlerin özel statüsü, kararı çabuklaştıran üç mantıksal uğrağa ve aralarında bir seçim oluşturduğu öznelere tahsis ettiği üç mekâna eşzamanlı olarak tekabül etmelerinden doğar.

Bu karara bir bakışta varılır. Bununla beraber izleyen manevralar, sinsice sürdürseler de, bu bakışa hiçbir şey katmazlar, ne de ikinci sahnede fiilin ertelenmesi, bu uğrağın birliğini bozar.

Bu bakış, bu açıkta olmanın sağladığı hırsızlık olayını kendi içinde öngörerek, aldatıcı tamamlayıcılıkları içine bırakılan suiistimale ilişkin görümünde içerdiği diğer ikisini önvarsayar. Bu yüzden, üç bakışı yapılandıran, üç özne tarafından taşınan, her seferinde farklı karakterler tarafından canlandırılan üç uğrak.

> Birincisi, hiçbir şeyi görmeyen bir bakıştır: Kral ve polis.
>
> İkincisi, birincisinin hiçbir şey görmediğini gören ve onun sakladığı şeyin gizliliği konusunda kendisini aldatan bir bakış: Kraliçe, sonra Bakan.
>
> Üçüncüsü, ilk iki bakışın, gizlenmiş olması gereken şeyi, onu gasbedecek kişiye karşı korumasız bıraktığını görür: Bakan ve nihayetinde Dupin.
>
> Kendi birliği içinde bu şekilde betimlenen öznelerarası karmaşayı kavramak için, kendisini tehlikeden korumaya çalışan devekuşuna atfedilen ünlü teknikteki bir modeli bilinçli olarak araştıracağız; çünkü bu teknik, burada olduğu gibi üç ortak arasında paylaşılan bu teknik, nihayetinde politik olarak nitelendirilebilir: birincisi kafasını kuma gömdüğünden dolayı, kendisinin görünmez olduğuna inanan ve her zaman üçüncüsünün kendi arkasından soğukkanlılıkla tüy çalmasına izin veren ikincisi; bizim yalnızca, devekuşunun kendisinin daima yeni bir anlam üstlenmesi için la politique de l'autruiche [devekuşu (autruche) politikası, Öteki'nin (autrui) politikası ve Avusturya (l'Autriche) politikası] üreterek, onun herkesçe bilinen isimlendirilişini bir mektup aracılığıyla geliştirmemiz gerekiyor.
>
> Yineleyici olayın öznelerarası modülü göz önüne alındığında, bu, Freud'un metninde bizi ilgilendirdiği anlamıyla kendinde bir yineleme otomatizmi olarak kavranmayı sürdürür (S., s. 41-44).

Anlatının "özne"si (anlatılan anlatıcı) ve Dupin arasındaki tekil ilişkiyi, başlangıçtan itibaren bu ilişkinin üçgen yapıyı kesinlikle karmaşıklaştırdığı ölçüde daha sonra çözümleyeceğiz. Şimdi, dördüncünün ya da üçüncü-artı-veya-eksi-bir'in bu dışlanışının hakikate yönelik acelecilik içinde ima ettiği şeyi düşünelim. Ve hakikat talebinin, yazı sahnesinin bir kenara bırakılmasına, neredeyse daima bizatihi kendisinin dördüncü olarak bir yana atılmasına (atılıyormuş gibi yapılmasına) olanak tanıyan şeyin bir kenara bırakılmasına nasıl yol açtığını düşünelim. Düşülebilen kalanın hesaba katılması gerekir ve bu yalnızca yazının anlatılan içeriğinde (gösteren, yazılan, mektup) değil, ancak yazım işleminde de yapılmalıdır.

Lacan, bizi hakikate, kaybedilemeyecek bir hakikate geri gönderir. Mektubu geri gönderir; mektubun kendisini *uygun* bir güzergâh aracılığıyla *kendisine ait* yere geri gönderdiğini gösterir ve açıkça kaydettiği üzere onu ilgilendiren, bu varılacak yerdir, varılacak yer olarak yazgı. Gösteren, mektup içinde kendi yerine sahiptir ve mektup kendine ait yerde uygun anlamını yeniden-bulur. Belirli bir yeniden-temellük ve yeniden-uygunlaşma, bir dolambaçlı yol ya da bir teslim edilmeyiş anında kendilerinden uzaklaşan uygun-olanı [proper], yeri, anlamı ve hakikati yeniden kuracaktır. Bir algoritma anı. Bir kez daha bir boşluk kapatılacaktır: bunu yapmak için onun doldurulması değil, yalnızca sınırlarının anlaşılıp belirlenmesi gerekmektedir.

Şunları okuduk: (mektuptaki, nottaki) gösteren, kendisiyle özdeş hiçbir yere sahip değildir, *yerinde yoktur.* Anlamı, çok az şey ifade eder, anlamına indirgenemez. Ancak nihayetinde "Seminer"in göstermekte ısrar ettiği şey, daima aynı olan ve *kendisine ait* olan, belirlenebilir bir yere dönen mektubun tek bir uygun güzergâhı olduğudur ve eğer anlamı (dolaşımdaki notta yazılı olan şey) amaçlarımız açısından (yine de kırılganlığı "Seminer"in bütün mantığını destekleyen hipoteze göre) önemsiz ve bilinmez ise, mektubun anlamının ve güzergâhının manasının, hakikat içinde, yani hakikat olarak zorunlu, biricik ve belirlenebilir olduğudur.

Mektubun yeri ve anlamı, kesinlikle öznelerin düzeninde değildir. Özneler, kesinlikle gösterenin hareketine tâbidir. Ancak Lacan, mektubun hiçbir uygun yere sahip olmadığını söylediğinde bunun, artık nesnel mekân, empirik ve naif bir topolojide belirlenebilir bir yer olarak anlaşılması gerekir. Mektubun hiçbir uygun anlamı olmadığını söylediğinde bunun, artık notta yazılı olan şeyin tükenebilir içeriği olarak anlaşılması gerekir. Çünkü gösteren-mektup, ilgilenmekte olduğumuz topolojide ve psikanalitik-aşkın anlambilimde, gösterenin bütün mantığının olduğu gibi, bütün dolaşımın koşulunu, kökenini ve varacağı yeri biçimlendiren uygun bir yere ve anlama sahiptir.

Her şeyden önce uygun yer. Mektup, bir yayılım yerine ve varılacak yere sahiptir. Bu yer, bir özne değil, öznenin üzerinde kurulduğu bir boşluk, eksikliktir. Bu boşluğun sınırları belirlenebilir ve o, boşluktan boşluğa, boşluktan kendisine giden ve bu yüzden döngüsel bir biçime sahip olan dolambaçlı yolun bütün güzergâhını kendisine çeker. Aslında söz konusu olan şey, dolambaçlı yoldan boşluğa bir geri dönüşü örgütleyen düzenlenmiş bir dolaşımdır. Otantik bir sözleşmeyi gerçekleştiren aşkın bir yeniden-temellük ve aşkın bir yenidenuygunlaşma. Lacan'ın tamı tamına söylediği şey, güzergâhın uygun ve çevrimsel olduğudur: "Bu yüzden dolambaçlı yolumuzda hakkında konuşmaya teşvik edildiğimiz nesnenin kendisi tarafından onaylanırız: çünkü basitçe kendi yolundan saptırılmış bir mektupla ilgileniyoruz; yolu *uzatılmış [prolonged]* (etimolojik olarak başlığın sözcüğü) mektup ya da postahane dilini kullanırsak, teslim edilmeyen mektup [lettre en souffrance].

"Öyleyse burada, hemen ilk sayfada bize söylendiği üzere, en yalın ifadesine indirgenmiş *basit ve tuhaf,* başlığın belirttiği gibi hikâyenin gerçek konusu olan mektubun tekilliğidir: başka yöne saptırılabileceğinden kendisine uygun bir yola sahip olmalıdır. Gösteren olarak etkisinin onaylandığı bir özellik. Çünkü döngüsel bir yolla geri dönse bile, ondan kendi yerini terk etmesini isteyen kendi ilkesi olan dönüşen işlemden dolayı yalnızca elektirikli haber bantlarında ya da insan-gibi-düşünen-makinalarımızın dönüşümlü hafızalarında bulunanla kıyaslanabilecek bir yerinden-etme içinde kendisini sürdüyor olarak göstereni düşünmeyi öğrendik" (S., s. 59-60; italikler Lacan'a ait).

Quitte: "yerinden ayrılma *[quitte]*, döngüsel bir yolla ona geri dönmesi koşuluyla [quitte à]. Dolaşım, bir borçtan kurtulma, bir an (gösterenin anı) için borcun ve sözleşmenin başlangıcında gösterileni kendine ait kökeninden çıkaran yarığı onarmaya başlar. Dolaşım, gösterilene kendi kökenine dönme olanağı sağlar. Bu yüzden, bu yeniden-uygunlaşma (hakikat) açıkça bir uygun yer teorisi ima eder, uygun yer teorisi de, bölünemez bir yer olarak mektubun bir teorisini ima eder: gösterenin, asla telafisi olmaksızın kaybolmayı, yok edilmeyi, bölünmeyi göze almaması gerekir.

Sonra, *uygun anlam.* Bir (tek) kökene ve varılacak yere sahip olan ve en route [yolda olmayı] sürdüren (bunu güvence altına alan nedir?) mektup, uygun bir anlama sahiptir: her şeyden önce, içeriği deşifreleme aracılığıyla kendisi hakkında yeterince şey söyleyen minimal bir belirlenim kazanmasına rağmen, içeriğinin değilse bile, güzergâhının yasasına. Mektubun, "sözleşme"yi ya da "anlaşma"yı oluşturan şeyle bir ilişkiye sahip olması gerekir. Öznenin bağımlılığıyla ve böylece mektubun uygun yeri olarak boşlukla bir yerde bir ilişkiye sahip olması gerekir. Onun yeri, anlamıyla özsel bir ilişkiye sahiptir ve anlamı mektubun kendi yerine geri dönmesini sağlayacak türden olmalıdır. Aslında, notta ne olduğunu biliyoruz. Gerçekten de Lacan, onun anlamından söz etmek ve onu yakalamak zorunda kalır, en azından mektubun anlamını oluşturan anlaşmayı tehdit eden şey olarak: Kral tarafından temsil edilen ve Kraliçe tarafından korunan fallik yasa, anlaşmaya göre onunla paylaşması gereken ve bölmekle, ayrılmakla ve ihanet etmekle tehdit ettiği yasa. "Ancak bütün bunlar, mektubun taşıdığı mesaj hakkında bize hiçbir şey söylemez.

"Aşk mektubu ya da komplo mektubu, ihanet mektubu ya da misyon mektubu, davet mektubu ya da dert mektubu olsun, *biz yalnızca tek bir şeyden emin oluruz:* Kraliçe, Kralı'nın ve efendisinin ondan haberdar olmamasını istiyor.

"Şimdi, *burjuva* komedisinde sahip oldukları itibarsızlaştırma nüansını taşımaktan uzak olan bu terimler, Kraliçe'nin şüpheli bir sadakat yeminiyle bağlı olduğu Kralı'nı ima etme yoluyla belirli bir önem kazanırlar, çünkü onun eş olarak rolü, tebaa olarak görevlerini hafifletmez, daha çok onu, krallığın yasaya göre iktidarla somutlaştırdığı şeyin muhafızlığına yükseltir: ve bu meşruiyet olarak adlandırılır.

"Buradan itibaren, Kraliçe'nin mektubu tâbi tuttuğu değişiklikler ne olursa olsun, alıcı anlaşmayı kabul etmese bile, mektup, bir anlaşma simgesi olarak kalır; mektubun varlığı, Kraliçe'yi, sadakatini kuran zincire yabancı bir simgesel zincire yerleştirir ... Fablımız, öznelerin girişlerini ve rollerini yöneten şeyin mektup ve onun yoldan saptırılışı olduğunu göstermek yönünde yapılandırılır. Eğer o, teslim edilmez *[en souffrance]* ise, onlar acıya tahammül edeceklerdir. Onun gölgesinin altına girerlerse, yansıması haline gelirler. Mektubu –dilin hayranlık uyandıran müphemliğini– sahiplenmek için sıraya girdiklerinde, onun anlamı onlara sahip olur" (S., s. 57-58, 60 italikler bana ait).

Bu kesin duraklarda çoğunlukla olduğu gibi kendi türünde Heideggerci olan bir formülleştirme.

Bu yüzden mektup, uygun bir anlama, kendine ait uygun güzergâha ve mevkiye sahiptir. Nedir bunlar? Üçlemede yalnızca Dupin bunların ne olduğunu biliyor görünür. Şimdi, bu bilme sorununu bir yana bırakalım ve ilkin bilinen şeyle ilgilenelim. Dupin, neyi biliyor? O, nihayetinde mektubun bulunduğunu biliyor ve döngüsel olarak uygun bir biçimde kendine ait yere dönmesi için nerede bulunması gerektiğini biliyor. Dupin tarafından ve göreceğimiz üzere salınımlı tarzda Dupin'in konumunu işgal eden psikanalist tarafından bilinen bu uygun yer, kastrasyon yeridir: örtüsü kaldırılan bir penis eksikliği alanı, fallusun yani kastrasyonun hakikati olarak kadın. Çalınan mektubun hakikati, hakikattir, anlamı anlamdır, yasası yasadır, hakikatin logos içinde kendisiyle yaptığı sözleşmedir. Bu anlaşma nosyonu altında (ve böylece uygunlaşma nosyonu altında) örtme/örtüyü kaldırma nosyonu bütün "Seminer"i hakikat üzerine Heideggerci söyleme hazırlar. Örtme/örtüyü kaldırma burada, bir boşlukla, bir varolmayanla ilgilidir: Varolmayan olarak Varlık'ın hakikati. Hakikat, örtülen/örtüsü kaldırılan kastrasyon olarak "kadın"dır. Burası, gösterenin (onun gösterenle uygunsuzlaşmasının) yolda olduğu yerdir; burası, gösterenin, mektubun alanıdır. Ancak aynı zamanda burası, yargılamanın başladığı yerdir, yeniden-temellük, geri dönüş, yeniden-uygunlaşma vaadidir: "nesnesinin aranması ve yerine konması" (S., s. 45). Mektubun tekil birliği, hakikatin kendisiyle yaptığı sözleşmenin alanıdır. Bu yüzden mektup, kadına *geri döner*, kadınla *aynı anlama gelir [revient à]* (en azından kadının anlaşmayı ve böylelikle Kral'a ait olanı, kendi koruması altında olan fallusu korumayı arzulaması oranında); bu yüzden Lacan'ın başka bir yerde söylediği gibi, mektup Varlık'la aynı anlama gelir, ona geri döner *[la lettre revient à l'être]*, yani kendisini kadının bacakları arasındaki boşluk olarak açacak olan hiçlik ile aynı anlamdadır ve ona geri döner. Bu, mektubun ve onun anlamının bulunduğu, mektubun tam da kendi gizli yerinde, en çok ortada olduğu uygun yerdir; Bakan, bu yerin karanlıkta olduğuna ve mektubun bulunduğu yer olduğuna inanır. Mektuba karanlıkta sahip olarak, Bakan kendisini Kraliçe'yle özdeşleştirmeye başlar (ancak Dupin ve onun içindeki psikanalist de yeri geldiğinde aynı şeyi yapmak zorunda değil midir? Henüz orada değiliz).

Böylelikle "...her şey, ifadelerinin tümü, en eril özellikleri açığa vuran bir karakterin *[Bakan]* sahneye çıktığında en tuhaf *odor di femina*'yı [kadın kokusunu] saçması için tasarlanmış görünür.

"Dupin, sahte şıklığın arkasında sıçramaya hazır bir yırtıcı hayvan uyanıklığını betimleyerek, bunun bir hile olduğunu vurgulamaktan geri kalmaz. Ayrıca bu, tam da bilinçdışının gösterenin insana yerleşmesi demek olduğunu öğrettiğimiz anlamda, bilinçdışının bizzat etkisidir. Poe'nun Dupin'in suiistimalini değerlendirmemize yardım etmek amacını güden imgesinden daha güzel bir imge bulabilir miyiz? Çünkü bu amacı akılda tutarak, okunabilsin diye bir coğrafi haritanın kendi planına ilave ettiği ve bir tahmin oyununun konusu haline gelebilen yer isimleriyle ilgili kayıtlara göndermede bulunur: bir rakip tarafından seçilen ismi –muhtemelen bir acemiyi şaşırtmak için en uygun olanı, haritanın bir ucundan öbür ucuna aralıklı olarak dizilmiş, büyük harflerle yazılan, çoğu kez fark etmede bir an bile duraksamaksızın, bütün bir ülke ismini veren isme derhal dikkat ederek– kim bulabilir?...

"Dupin girdiğinde, çalınan mektup, geniş bir kadın bedeni gibi, Bakan'ın bürosunun bir ucundan öbür ucuna tam da böyle uzanıyordu. Ancak Dupin de, tam bu şekilde, *onu bulmayı umar* [italikler bana ait –J. D.] ve yeşil gözlükle saklanmış gözleriyle bu muazzam bedeni soymaktan başka bir şey yapmaz.

"Ve bu yüzden Dupin, Profesör Freud'un kapısına kulak verip dinlemekten başka bir şeye gereksinim duymadan, o bedenin gizlemek için planlandığı yalanların ve yaşamların bulunduğu noktaya, bir bakışla yakalanan olağanüstü bir merkezdeki noktaya, hatta ayartıcıların oradan Kent'i kontrol edebilecekleri yönündeki cahil yanılsamalarında Saint Angelo Kalesi adını verdikleri yere dümdüz ilerleyecektir. Bakınız! Şöminenin kenarları arasında zaten saldırganın [ravisseur] uzatmaktan başka bir şey yapmayacağı bir elin ulaşabileceği mesafede bu nesne var..." (S., s. 66; değiştirildi).

Mektup –gösterenin yeri– Dupin'in ve psikanalistin onu bulmayı umdukları yerde bulunur: bir kadının muazzam bedeninde, şöminenin "bacaklar"ı arasında. Burası, ona ait yerdir, onun döngüsel güzergâhının son durağıdır. Notun imzalayanı olmayan gönderene değil, ancak kendisini kendi sahibinden ya da dişil vârisinden *ayırmaya* başladığı yere geri döndürülür. Kendisini Kral'a tâbi kılan anlaşma aracılığıyla, yani Yasa aracılığıyla, aksi takdirde yoksun olacağı, kendisini yoksun bırakma riskine girdiği, onu bölme yani çoğaltma riskine girdiği fallusun düzenini güvence altına alan şeyi kendisi için yeniden-temellük etmeye çalışan Kraliçe –öyleyse Kraliçe, kısıtlı ekonomi döngüsünü, döngüsel anlaşmayı yenilemeyi, yeniden-kapatmayı üstlenir. O, mektup-fetişin kendisine geri getirilmesini ister ve bu yüzden, bir fetişi diğerinin yerine geçirerek, onu diğeriyle takas ederek başlar: mektupla takas edilen ve mektubun döngüsel geri dönüşünü garanti eden –burada bir karşılığı olduğu için gerçekten harcamaksızın– bir miktar para çıkarır. Dupin, analist olarak, devrede, kısıtlı ekonomide, "Seminer"in kurgu hakikati olarak çözümlediği, başka bir yerde halkanın sınırlanması adını verdiğim şeyde bulunur *[se trouve]*. Bu ekonomi sorununa geri döneceğiz.

Bu yüzden, uygun-olanın, uygun-olanın yasasının, *ekonominin* bu belirlenimi, hakikat olarak kastrasyona, bir kastrasyon ve hakikat figürü olarak kadın figürüne geri döner. Hakikat olarak kastrasyon figürüne. Her şeyden önce bu, inanma eğilimi gösterileceği gibi özsel yerinden-etme ve indirgenemez parçalanma olarak hakikat anlamına gelmez. Aksine kastrasyon-hakikat, fallusu, göstereni, mektubu ya da fetişi *oikos*'una,[46] kendi bildik meskenine, kendilerine ait yere geri döndürmek için kendisiyle anlaşan şeydir (halkanın sınırlanması). Bu anlamda, kastrasyon-hakikat, parçalanmanın karşıtıdır, parçalanmanın bizzat antidotudur: kendi yerinde olmayan şey, kastrasyonda bütün ikamelerden uzak sabit, merkezî bir yere sahiptir. Bir şey, yerinde yok, ancak eksiklik ondan as-

---

46 Yunanca oikos, ev, mesken anlamına gelir ve aynı zamanda ekonomi sözcüğünün türetildiği köktür (İng. çev. n.).

la kalkmaz *[Quelque chose manque à sa place, mais le manque n'y manque jamais]*. Kastrasyon sayesinde fallus daima kendi yerinde, yukarıda sözünü ettiğimiz aşkın topolojide kalır. Kastrasyonda fallus bölünemez ve bu yüzden yok edilemez, *tıpkı yerini alan* mektup gibi. Ve bu yüzden mektubun maddeselliğinin, *bölünemezlik* olarak motive edilen, asla tanıtlanmayan önvarsayımı, bu kısıtlı ekonomi için, uygun-olanın bu dolaşımı için vazgeçilmezdir.

Burada beni ilgilendiren fark –istenirse anlaşılacak bir formül– eksikliğin yayılmada kendi yerine sahip olmamasıdır.

Eksikliğin yerini, yerinde eksik olanın toposunu belirleyerek ve bunu sabit bir merkez şeklinde kurarak Lacan, aslında, aynı zamanda bir hakikat söylemi olarak, çalınan mektubun hakikati üzerine, *Çalınan Mektup*'un hakikati olarak bir söylem öneriyor. Söz konusu olan, her tür görünüş ya da olumsuzlamaya rağmen, bir hermenötik deşifrelemedir. Dişillik ve Hakikat bağlantısı, bu deşifrelemenin nihaî gösterilenidir. On dört yıl sonra, "Seminer"i Ecrits'in başında bir *Yayınlanmamış Sunum*'la yeniden ortaya koyan Lacan, her şeyden önce, bu bağlantı ve bu anlam üzerinde ısrar eder. Başka yerde çoğunlukla Hakikat'e ayırdığı büyük harfi, Kadın'a ya da Dişillik'e tahsis eder: "Çabalarımla Poe'nun öyküsünün tanıtladığı şey, gösterenin, bu örnekte çalınan mektubun bağımlılık etkisinin, her şeyden önce hırsızlıktan sonra onu elinde bulunduran herkesle ilişkili olması ve güzergâhı boyunca taşıdığı şeyin, kendi karanlığına soktuğu Dişillik olmasıdır..."[47] Dişillik, Hakikat kastrasyonudur, kastrasyonun Hakikat'idir, kastrasyonun en uygun figürüdür; çünkü gösterenin mantığı içinde her zaman zaten iğdiş edilmiştir; Dişillik, dolaşımda bir şey (burada mektup), kendisine geri döndürülmesi için kendisin-

---

47 Points, s. 1. (İng. çev. n.).

den ayrılan bir şey "bırakır;" çünkü kadın "ona asla sahip değildir: burada hakikat kaynaktan çıkar, ancak yalnızca eksik olarak."

Bu ilk kastrasyon (ön-kastrasyon), daha sonra kastrasyon ve bu yüzden dişillik görünümüne girer, her kim mektubu elinde tutarsa, fallusu ve kastrasyonu gösterir: "Bu yüzden Bakan, iğdiş edilir, iğdiş edilme, Bakan'ın hâlâ sahip olduğuna inandığı şeyin tam ifadesi: çok pürüzsüz şöminesinin bacakları arasından, Dupin'in seçebildiği mektup.

"Burada, başlangıçta onu [Bakan'ı] bir rüyadaki gibi (...) dişilleştiren şey artık tamamlanır. Dupin'imiz psikanalistin başarısıyla kendi başarısını denk gösterdiği oranda."[48]

48 A. g. e., s. 7-8. (İng. çev. n.).

GÖRÜŞ AÇISI/KÖRLÜK [49]
KADIN CİNSELLİĞİ YERİN(D)E HAKİKAT

Bu başarıya ne denir? Yanıt vermek için, bütün karmaşıklığı içinde, Dupin'in konumuyla analistin konumu arasındaki ilişkiyi ve sonra analistle "Seminer"de ve "Seminer"e girişlerde Freud ve kendim diyen kişi arasındaki ilişkiyi yeniden düşünmeye hazırlanalım. Bu, uzun, dolambaçlı bir yolu gerektirir.

Şimdiye kadar sorularımız, çalınan mektup diye bir şeyin olup olmadığı konusunda bizi şüpheye düşürdü, belki de o, ek bir tuzaktı: hiçbir sabit yere, hatta belirlenebilir bir boşluğun ya da saptanabilir bir eksikliğin yerine bile sahip olmayabilir. Mektup, bulunmayabilir ya da muhtemelen her zaman bulunmayabilir ya da "öykü"sü anlatıcı tarafından aktarılan ve "Seminer" tarafından deşifre edilen mühürlü yazıda, öykünün içeriğinde, dördüncü bir kenardan hem Dupin'in hem de psikanalistin gözlerinden kaçan metnin "içinde" olduğundan daha da az bulunur. Kalan, hak iddia edilmeden bırakılan şey, *Çalınan Mektup* olacaktır; yani yeri bir kez daha görünmez hale gelen büyük harfler gibi, bulunması beklenen yerde olmayan, gerçek dramanın çerçevelenmiş içeriğinde ya da Poe'nun hikâyesinin gizli ve mühürlü içerisinde olmayan, ancak daha çok kendisi kurgu olan aleni ve çok açık mektup içinde ve bu mektup olarak bu başlığı taşıyan metin olacaktır. Yazılı olduğu için kurgu, en azından kendi kendisini tecrit eden bir dör-

---

49 Point de, hem "... açısı" hem de "hiç, hiç de değil" anlamlarına gelir. Bu yüzden, görüş açısı/görüşsüzlük, körlük. [Alan Bass, Bölüm başlığının ilk kısmını Fransızca orjinaliyle bırakmış ve bu dipnotla ifadenin çifte anlamına dikkat çekmiştir, Biz, "Point De Vue" orijinal başlığını, "Görüş Açısı/Körlük" olarak karşılamayı tercih ettik. (Türkçe'ye çev. n.).]

düncü faili ima eder; bu fail, aynı zamanda metnin mektubunu, onu deşifre edecek kişiden, mektubu kendisine ait döngüye, uygun güzergâha geri sokan hakikat faktöründen de tecrit eder: bu, "Seminer"in Dupin'in işlemini tekrarlarken yaptığı şeydir. Çünkü Dupin, "uygun güzergâh"ın döngüselliğiyle uyum içinde, Kraliçe'nin arzusuna göre "mektubu kendisine ait yola döndürmekte başarılı olmuş"tur (S., s. 69). Yörüngesinin bir çizgi olduğu varsayılarak mektubu kendisine ait yola döndürmek, yoldan çıkışı düzeltmek, sapmayı tashih etmek, kural adına, örneğin normu, bir yönü, bir otantik çizgiyi hatırlatmaktır. Dupin beceriklidir, yöneleceği yeri ve yasayı bilir. Üçgenler ve daireler betimlenerek ve imgesel/simgesel karşıtlığı korunarak *Çalınan Mektup*'un ele geçirildiğine tam da inanıldığı anda, hakikatin, uygun uygunlaşmanın yeniden kurulduğu anda, Çalınan Mektup fazlasıyla apaçık bir açılışla kaçar. Baudelaire'inde bize pervasızca hatırlattığı gibi. *Çalınan mektup*, metnin içindedir: yalnızca, uygun güzergâhı metinde betimlenen, içerilen bir nesne olarak değil, aynı zamanda çerçeveleme etkisi üreten metin olarak da bir gösteren, metnin teması ya da gösterileni haline gelir. Dupin'in ve "Seminer"in tam da onu buldukları, onun kendine ait mevkiini ve güzergâhını belirledikleri, bir harita üzerindeki gibi şurada ya da burada, bir kadının bedeni üzerindeki gibi bir harita üzerinde bir yerde olduğuna inandıkları anda, artık haritanın kendisini görmezler. Şu ya da bu anda, metnin betimlediği haritayı değil, ancak hiçbir topos ya da hakikat vaadi olmaksızın dördün sapması *[l'écart du quatre]* olarak metnin "kendisi" "olduğu" ya da "kendisi"ni betimlediği haritayı *[carte]* görmezler. Mektubun bekleme yapısı[50], bir mektubun her zaman varacağı yere varamamasıdır –"Seminer"in son sözlerinde söylediği şeye karşıt olarak, "'çalınan mektup, yani 'teslim edilmeyen

50 "La structure restante de la lettre..." Derrida'ya göre yazı daima fazladan bir kalan, un reste'dir. Ayrıca Fransızca'da, postahanede bir kutuya bırakılan mektup, poste restante olarak adlandırılır, böylelikle sahipsiz mektu'

mektup *[lettre et souffrance]* şunu ifade eder: bir mektup daima varacağı yere varır" (S., s. 72). Onun "maddesellik"i ve "topoloji"si, bölünebilirliğine, daima muhtemel parçalanmasına bağlıdır. Telafisi olmaksızın daima parçalanabilir, Simgeselin, kastrasyonun, gösterenin, hakikatin, sözleşmenin vb. sistemi, mektubu bu parçalanmadan daima korumaya çalışır: bu, Kral ya da Kraliçe'nin burada aynı olan bakış açısıdır; kontrolü yeniden-temellük etmek için sözleşmeyle bağlanırlar. Mektubun varacağı yere asla varmadığını kastetmiyoruz; ancak o, her zaman varmayabilme yapısına aittir. Ve bu tehlike olmaksızın (sözleşmenin bozulması, bölünme ya da çoğalma; telafisi olmaksızın bir anda Kraliçe tarafından, yani her "özne" tarafından başlatılan fallustan ayrılış) mektubun devri de başlamamış olurdu. Ancak bu tehlikeyle, devir her zaman sona ermeyebilir. Burada yayılım, hakikat sözleşmesi olarak gösterenin ve kastrasyonun yasasını tehdit eder. O, gösterenin, yani fallusun birliğini başlatır, bozar *[entame]*.

Dupin gibi "Seminer" de mektubu, kadın bacakları arasında, bulunduğu yerde bulduğunda [**se trouve**], muammanın deşifresi, hakikat içine demir atar. Hikâyenin manası, çalınan mektubun anlamı ("'çalınan mektup, yani 'teslim edilmeyen mektup *[lettre et souffrance]* şunu ifade eder: bir mektup daima varacağı yere varır") açığa çıkarılır. Hermenötik bir süreç olarak bir anlam (hakikat) aracılığıyla açığa çıkarılan deşifreleme (Dupin'in, "Seminer"in deşifrelemesi), bizzat varacağı yere varır.

Öyleyse neden "Seminer," hakikatle birlikte Marie Bonaparte'ın metnin üzerinden sıçrayarak, 1933'te *Çalınan Mek-*

---

bürosunu, tamı tamına "bekleyen mektup" anlamına gelen nihai post restante kılar. Bu yüzden Derrida, Lacan'ın teslim edilmeyen mektubun, la lettre en souffrance, daima varacağı yere varması nosyonunun, daima bir mektubun sahipsiz mektup bürosunda kalabileceği yapısal olanağını gözardı ettiğini ve bu sapma ve bekleme olanağı olmaksızın –bütün posta sistemi– hiçbir adrese mektup teslimatının olmayacağını söylüyor (İng. çev. n.).

tup'un bir psikobiyografik çözümlemesini önesürdüğünde[51] bulduğu şeyle aynı anlamı ve aynı toposu yeniden-bulur. Bu, bir rastlantı mıdır?

Eğer sözde psikobiyografik eleştiriden kopuşla (bkz., Ecrits, s. 860) *Çalınan Mektup*, kendi nihaî anlambilimsel limanına yeniden kavuşturuluyorsa bu, bir rastlantı mıdır? Ve muhtemelen daha basitleştirici bir metinsel çözümlemeden sonra?

Bonaparte'a göre de, kadının (annenin) kastrasyonu, *Çalınan Mektup*'un ifade ettiği nihaî manadır. Ve hakikat, boşluğu kapama arzusu olarak yeniden-uygunlaşma ya da yeniden-temellük anlamına gelir. Ancak Bonaparte, Lacan'ın yapmadığı şeyi yapar: *Çalınan Mektup*'u Poe'nun diğer metinleriyle ilişkilendirir ve bu ilişkilendirme hareketini çözümler. Daha ileride bu işlemin içsel zorunluluğunu kavrayacağız.

Örneğin "hikâyenin özünde iğdiş edilen varlık olarak kadında somutlaşan kastrasyon korkusunun yattığı" (Bonaparte, s. 481) *Kara Kedi [The Black Cat]*. "Bununla beraber, çocuğun, çoğunlukla yetişkinin anksiyeteleri [bunaltı, kaygı] olarak kalan bütün ilkel anksiyeteleri, burada, sanki ayarlanmış gibi, bu aşırı anksiyete öyküsünde sanki bir dönüm noktasındaymışcasına bir araya getirilmiş görünür" (Bonaparte, s. 481). Düşüncesizce isimlendirilen, bir çerçeve gibi ihmal edilen bu dörtlü hırsızlıkta bir dairenin ya da bir üçgenin temsili yer alır. "Seminer" şöyle der: "Aslında burada biz yine dramamızı ve onun öznelerin birbirlerinin yerine geçme tarzı sorununa ilişkin kısmını bıraktığımız dönüm noktasındayız" (S., s. 60). Bonaparte, Freud'dan burada alıntılamadığı bir ifadeyle özetlenebilecek kastrasyon anksiyetesi hakkında genellemelerle

51 Edgar Poe, sa vie, son oeuvre: Etude analytique (Paris: Presses Universitaires de France, 1933). [Bonaparte'a göndermeler metin içinde ve şu esere yapılacaktır: The Life and Works of Edgar Allan Poe, çev. John Rodker, Londra, 1949.]

dolu bir sayfayla devam eder: annenin penis eksikliğinin "en büyük travma" olduğu önesürümü; ya da Lacan'ın ifadesiyle: "Öznenin bölünmesi mi? Bu nokta bir düğümdür.

"Freud'un bunu ayrıntılarıyla açıkladığı yeri hatırlayalım: fallusun doğasının açığa çıktığı annenin penis eksikliğinde" (*Ecrits*, s. 877).

Yasa'yı ve fetişizmi, anneyi yeniden-falluslandırma süreci (kendisinden çalınanın ya da koparılanın kendisine geri döndürülmesi gerekir) olarak ele aldıktan sonra, Bonaparte, birkaç başka şey yanında Lacancı düğüm yorumunun yer aldığı şu ifadeleri kaydeder:

> Sonuç olarak, kara temayla birlikte ölüm anksiyetesi ya da ölüm korkusu görürüz. Bununla beraber, bütün bu korkular, bunların sıkı biçimde birbiri içine girdiği kastrasyon korkusu ana temasına bağlı kalır. Beyaz göğüslü kedinin bir gözü de eksiktir; yalnızca ölümü değil, yeniden-falluslanmayı da temsil eder; itiraf dürtüsü, bir kastrasyon modelinin baskın çıktığı bir cesedin keşfine yol açar; hatta bodrum ve mezar ve açılan baca deliği, annenin korkunç kloakasını hatırlatır.
>
> Poe'nun diğer hikâyeleri de, farklı ve daha az saldırgan tarzda olmasına rağmen, kaybı yüzünden kınayarak, olmayan anacıl penis için hayıflanır. Bunlar arasında başta gelen, her ne kadar garip görünse de "*Çalınan Mektup*"tur.
>
> Okur, Elizabeth Arnold gibi, bu öyküde, Fransa Kraliçesi'nin yazarı bilinmeyen tehlikeli ve gizli bir mektuba sahip olduğunu hatırlayacaktır. Politik şantajı ve iktidarını güçlendirmeyi planlayan kötü Bakan, Kraliçe'nin gözleri önünde bu mektuplardan birini çalar, Kraliçe Kral'ın huzurunda olduğundan dolayı bunu önleyemez. Bu mektup, her pahasına geri getirilmelidir. Polisin her girişimi başarısızlıkla sonuçlanır. Bereket versin, Dupin iş başındadır. Gözlerini gizlerken etrafı görebildiği koyu gözlükler takarak, Bakan'a uğramak için bir bahane bulur ve şömine rafının ortasının hemen altındaki küçük pirinç bir tokmaktan sarkan, bir kartvizit kutusunda açıkça teşhir edilen mektubu keşfeder."[1]

İşte Bonaparte'ın notu:

1. "şömine rafının ortasının hemen altındaki küçük pirinç bir tokmaktan ... sarkan ..." Baudelaire'in çevirisi şöyledir: "*suspendu . . . à un petit bouton de cuivre au-dessus du manteau de la cheminée.*" Baudelaire'in çevirisinin bu cümleye ilişkin hatası açıktır: özellikle de, "altında" (beneath) tamamen yanlış olarak "*audessus*" (üstünde/above) şeklinde çevrilmiştir. (Bonaparte, s. 483)

Bu not önemlidir. Birincisi, "Seminer"de hiç adı geçmese de, Lacan'ın Bonaparte'ı okuduğunu gösterir. Borçlar ve öncelikler hakkında çok titiz bir yazar olarak, bütün yorumunu yönlendiren bir keşfi, yani mektubun uygun güzergâhı olarak yeniden-falluslandırma sürecini, şöminenin bacakları arasında yeniden bulunduktan sonra "mektubun varacağı yere geri dönüşünü" teslim edebilirdi. Ya da onu saklayabilirdi. Ancak eğer doğru değilse, dipnotlar söylenmemesi gereken şeyin ya da *Tekinsiz*'den alıntılayan Schelling'in söylediği üzere, "gizli kalması gereken" şeyin gösterildiği ek olduğundan dolayı, "Seminer," bir dipnotla yanıt verir: "Bakınız! Şöminenin kenarları arasında zaten saldırganın uzatmaktan başka bir şey yapmayacağı bir elin ulaşabileceği mesafede bu nesne var... Onun, Baudelaire'in çevirdiği şekliyle şömine rafının üstünde duran nesneyi mi, yoksa orijinal metindeki şekliyle onun altında duran nesneyi mi ele geçirdiğine karar verme sorunu, pişirme çıkarımlarına zarar vermeden terk edilebilir.[38]" İşte Lacan'ın dipnotu: ("38. Ve hatta bayan aşçının kendisine bile" (S., s. 67).[52]

52 Mehlman'ın Lacan'ın ifadesini ustaca çevirisini biraz değiştirdim (" ... *peut être abandonnée sans dommage aux inférences de la cuisine*"). Mehlman bunu, şu şekilde verir: "mesleği kızartma yapmak olanların çıkarımlarına ..." Bu çeviri, cuisiner sözcüğünün anlamını soruşturma olarak yakalar. Böylelikle Lacan, "Psikanalitik polis kurum"unun bir üyesi olarak Bonaparte'la, muhtemelen onu *Çalınan Mektup*'taki polis kurumuyla karşılaştırarak ve Uluslararası Psikanaliz Topluluğu'ndan kendi dışlanışına gönderme de bulunarak alay ediyor. (İng. çev. n.).

Zarar vermeden mi? Aksine "Seminer"deki zarar onarılamaz: şömine rafının üzerinde, mektup, "şöminenin kenarları arasında," "şöminenin bacakları arasında" olamazdı. Öyleyse, "Seminer"in bir psikanalistle ve onun mirasıyla[53] ilgili küçümseyici sinirliliği uygun olmadığı düşünülerek bir kenara bırakılsa bile, söz konusu olan şey, büyük bir şeydir. Soruyu, neden bir müştemilatmışçasına mutfağa ve ahçı statüsüyle onu cevaplandıran kadına indirelim. Yunanistan'da bazı "hakikat ustaları," mutfağın bir düşünme alanı olarak nasıl tutulacağını biliyorlardı.

---

53 Miras *[legacy/legs]* ve yeniden-falluslandırma: 1. "Kadını aynı anda tümüyle güçlü ve köleleşmiş özne olmaya sevk eden mektup olabilir mi? Öyle ki kadın, mektubu her ele bırakır, onu yine geri alır, onu alırken kendisinin mirasçısı *[legated/fait lais)* olur. "Miras *[legacy/lais]*, kadının asla sahip olmamakla tevarüs ettiği şey anlamına gelir: burada hakikat kaynaktan çıkar, ancak yalnızca eksik olarak" (Ecrits'in Sunuş'u, Points s. 7-8). 2. "Sarkıtma yoluyla, iğdiş edilmiş anneyi yeniden-falluslandırmaya ilişkin çetin ironiye, şimdi onun kuru göğüslerini, geniş süt lekesi sıçratılması yoluyla, yeniden süt üretme dönemine sokan ironiyi eklememiz gerekir ... asıl hınç, kadının bedenindeki penis yokluğundan kaynaklansa bile" (Bonaparte, s. 475).

İleride, burada ima edilen "parça-nesne" sorununa geri döneceğiz. Kaynağa gelince, *Morgue Sokağı Cinayetleri*'nde *[The Murders in the Rue Morgue]* Dupin, "korkunç biçimde parçalanmış" "annenin bedeni"ni keşfinden sonra, şunu hatırlatır: "O *(Vidocq)*, nesneyi çok yakından tutarak kendi görüşünü zayıflattı. Muhtemelen bir ya da iki noktayı olağandışı açıklıkla görebiliyordu, ancak bunu yaparken kaçınılmaz biçimde nesneyi bir bütün olarak görmüyordu. Bu yüzden fazlasıyla derin bir şey vardır. Hakikat, her zaman bir kaynakta değildir." *Selecting Writings of Edgar Allan Poe*, ed. Edward Davidson (Boston: Houghton Mifflin, 1956), s. 153. Poe'ya bütün diğer göndermeler, bu baskıya yapılacaktır. Aynı zamanda "legacy"nin Fransızca karşılığının legs olduğuna dikkat ediniz; Derrida, sürekli legacy'deki leg [bacak] ile oynuyor. Ayrıca *legs*'in eski biçimi "lais'dir, bu sözcük lait'le, süt'le eşseslidir. Böylelikle, miras [legacy], yeniden-falluslandırma [rephallizati-on] ve *yeniden-süt*-üretimi [relactification].

"Seminer"in, tam bu nottan önce, "toponimik kayıtlara," "muazzam beden"in "coğrafi haritası"na ve Dupin'in, hâlâ uygun biçimde aynı yeri, ayrılma ve yeniden birleşme yerini işgal eden Kraliçe'yle özdeşleşen Bakan'ın hareketini tekrar ettiğinden dolayı "bulmayı umduğu" şeyin yerine başvurduğu hatırlanacaktır.

Bonaparte, dipnotundan sonra şöyle devam eder:

> Daha öte bir kaçamakla o, kendisiyle uzlaşan mektuba sahip olur ve yerine bir benzerini bırakır. Orjinalini kendisine geri döndürtecek olan Kraliçe kurtulur.
>
> İlkin, bu mektubun, tam da anacıl penisin simgesinin şöminenin üzerinde, eğer varolsaydı kadın penisinin burada sık sık ortaya çıkan şömine simgesiyle –daha önceki hikâyelerde olduğu gibi– temsil edilen kloaka üzerinde sallandırılmasıyla aynı tarzda "sallandığına" dikkat edelim. Burada, aslında neredeyse klitorisin (ya da pirinç tokmağın) bile ihmal edilmediği anatomik bir haritamız var. Yine de çok farklı bir şey, bu bedenden sarkıyor olmalı. (Bonaparte, s. 483)

Tokmağa ("Seminer"in almadığı) bu kısa imadan sonra Bonaparte, yorumunu bir Oedipal tipoloji ve klinik pratikle yeniden ilişkilendirir. Bonaparte'ın "yazarın yaşamı"na ilgisi, metni okuyuşunu, "Seminer"in ilgi yoksunluğunun bir okumayı güvence altına almakla yetinmesinden daha fazla basitleştirmez. Vurgu, burada bir parça-nesne olarak belirlenen anacıl penisin mülkiyeti için "pre-genital, fallik ve arkaik" Oedipal mücadeleye yapılır. Bonaparte, başka bir tür uzmanlıkla onu izlemek için bile, Dupin'e asla analistin konumunu bahşetme eğiliminde değildir. Dupin'in açıklığı, sonunda kendisinin ifade ettiği üzere içinde bulunduğu mücadeleden kaynaklanır ("'Benim politik eğilimlerimi bilirsin. Bu meselede, hanımefendinin yandaşı olarak hareket ettim. Bakan, on sekiz aydır onu kontrolü altında tutuyordu. Şimdi o, Bakan'ı kontrolü altında tutuyor –çünkü mektubun kendi elinde olmadığının farkında olmayan Bakan, sanki elindeymiş gibi taleplerini sürdürecektir ... D-, bir keresinde Viyana'dayken, beni kötü bir oyuna getirmişti. Oldukça neşeli bir biçimde ona bunu unutmayacağımı söylemiştim.'")[54] ve bu, onu başından sonuna kadar motive etmiştir. Bu, onu, mektuptaki borcun, fallusun, gösterenin ve Lacan'ın aksine Bonaparte'ın "bütün anlamlandırma"yı nötrleştiren ya da yıkan olarak düşünmediği paranın devrine yerleştirirken. Bonaparte şunu belirtir: "Elbette oğulun bedenleşmesi olan Dupin'in, kendi 'politik eğilimler'inden söz ederken, kendisini 'bu meselede hanımefendinin yandaşı 'olarak ilan etmesi gerekir. Sonuç olarak, Polis Komiseri'ne büyük ödülü bırakarak 50.000 Frank'lık bir çek karşılığında Dupin kadına simgesel mektubunu ya da kayıp Fallus'unu iade eder. Böylelikle bir kez daha altın = penis eşitliğiyle karşılaşırız. Anne, oğluna iade ettiği penis karşılığında altın verir. 'Altın Böcek'te de ['The Gold Bug'] olduğu gibi" (Bonaparte, s. 484).

Aslında bu yerine koyma döngüsü, "Seminer"in uygun yol"unu biçimlendirir. Öyleyse, "Seminer"in Dupin'in konumunu analistin konumuyla özdeşleştirme yönünde giriştiği hamle de ne oluyor? Bu fikir, Bonaparte'ı asla ayartmaz. Ve bu, "Seminer"de garip bir biçimde bölünür ya da askıda bırakılır. Öncelikle özdeşleştirmenin göstergeleri:

1. Tuzağa düşürülmeyen üçüncü bakış, üçgeni görür. Elbette Dupin, üçgenin içinde Bakan'ınkiyle özdeş, ancak Bakan'ın güçsüz Kraliçe'nin yerini işgal ettiği ikinci sahnedeki değil, ilk sahnedeki konumuyla özdeş bir konum işgal eder. Böylelikle Dupin, kendisinin bir devekuşu gibi yolunmasına izin vermeyen tek kişi olacaktır. ("Üçüncüsü, ilk iki bakışın, gizlenmiş olması gereken şeyi, onu gasbedecek kişiye karşı korumasız bıraktığını görür: Bakan ve nihayetinde Dupin ... üç ortak ... : birincisi kafasını kuma gömdüğünden dolayı, kendisinin görünmez olduğuna inanan ve her zaman üçüncü-

---

54 Poe, s. 224-225. (İng. çev. n.).

sünün kendi arkasından soğukkanlılıkla tüy çalmasına izin veren ikincisi." S., s. 44). Nihayetinde Dupin: Dupin sonunda Bakan'la geçici özdeşleşmesini bozar ve her şeyi görmeyi tek başına sürdürür, böylelikle devirden kendisini tek başına geri çeker.

2. Bu, mektup karşılığında Dupin tarafından talep edilen paranın başlangıç yorumuyla, "Dupin'in ödüllendirilme işi" ile onaylanır. Bu öykünün ortaya koyduğu borç süreci, Lacan tarafından, ahçı hakkındaki dipnottan hemen sonra incelenir. Ve ilave birkaç satırla. "Biz," "Seminer"in yazarının başlangıçta kendisini aralarına dâhil ediyor göründüğü analistler topluluğunun biz'idir. "Aslında haklı nedenle, Dupin için muhtemelen [Bu "muhtemelen" sonsuza kadar askıda kalacaktır –J. D.] söz konusu olan şeyin, onun mektubun simgesel döngüsünden geri çekildiği anla ilişkili olduğunu –en azından bir süreliğine aktarımda bizimle sürüncemede kalan bütün çalınan mektupların gizli elçileri haline gelen biz– düşünmüyor muyuz. Ve aktarımlarının gerektirdiği, bütün anlamlandırmanın en yıkıcı göstereniyle, yani parayla eşit tutarak nötrleştirdiğimiz sorumluluk değil mi" (S., s. 68).

Bu "muhtemelen"in belirttiği üzere, soru işaretleri olmayan bu soruların da (izleyen paragrafın başındaki "Ama hepsi bu değil" ifadesiyle birlikte) ilan ettiği üzere, soru açık bir yanıt olmaksızın kalacaktır. Kendi biçimiyle, kendi terimleriyle sorunun bizzat konumu, yanıtı yasaklamak için yapılandırılır: aslında "bütün anlamlandırmanın en yıkıcı göstereniyle ... eşit tutarak" ifadesinin kavramsal katılığı nasıl belirlenecektir? Bu sorunun, biçimsel bir soru olmadığını ya da yıkımın niceliğini daha fazla ya da daha az kullanırken kimin devekuşu olduğunu bilme sorusu olmadığını biliyoruz. Eğer para, bütün anlamlandırmayı tamamen yıkıcı değilse, yalnızca "en yıkıcı" olan şeyse, o zaman bir "nötrleştirme"nin "dengi ol[amaz]." Ve "mektubun simgesel devri"nden bir "geri çekiliş" sunmaz.

3. Bu, daha önce yukarıda alıntılanan *Ecrits*'e yeni girişte (*Points* baskısında) yine onaylanır: "Bu yüzden Bakan, iğdiş edilir, iğdiş edilme, Bakan'ın hâlâ sahip olduğuna inandığı şeyin tam ifadesi: çok pürüzsüz şöminesinin bacakları arasından, Dupin'in seçebildiği mektup. (...) Dupin'imiz psikanalistin başarısıyla kendi başarısını denk gösterdiği oranda." [55]

Biraz önce değindiğimiz belirlenimsizliğin ("muhtemelen," "en yıkıcı") yardımıyla Dupin ve bizim psikanalistler arasında bir özdeşleştirmenin bu göstergeleri daha karmaşık hale gelecektir. Yalnızca "aktarımın gerektirdiği" "sorumluluğu" nötrleştiren analitik kuruma Dupin'in kabulünü reddetmek için değil, "bizim psikanalistleri" iki Dupin'e bölmek için de: kendisinin efendisi olduğunu düşünürken, üçgenin ayrılmaz bir parçası olarak kalan ahmak Dupin ve Dupin hakkında, onun "gerçek stratejisi" hakkında, yani Freud'un mektubuna nasıl dönüleceğini bilen, iade amacıyla bulunduğu *[se trouve]* yerde onu nasıl yeniden bulacağını bilen, çabalarıyla hem Freud'un öğretisinin hem de Poe'nun tanıtlamasının dağıtıldığı "Seminer"in yazarı hakkında hiçbir şey anlamayan bütün psikanalistlere hitap edilen yerden her şeyi gören öteki Dupin: Bütün "Seminer," pek çok kez başka yerde yinelenen "Freud'un keşfini ciddi biçimde ele alma"ya ve "bu 'Seminer'in öğretisini" bu keşif üzerine kurmaya ilişkin projeyle açılır ve bunu, Freud'un mektubunun kendi meslekdaşlarının kurumunda ıstırabını duyduğu yozlaşmaya karşı yapacaktır; "çabalarımla Poe'nun öyküsünün tanıtladığı şey," Freud'un mektubunun kendine ait yere geri dönmesine yardım eder. Bu konuda "Seminer," bütün diğer analistlerin Dupin'le, mektubu ele geçirirken Bakan'a da benzediğini ve böylelikle kendisini Bakan'ın yerinde bulduğunu, Bakan gibi dişilleşmeye, Kraliçe'yle özdeşleşmeye başladığını görmedikleri bir Dupin'le hızlı özdeşleşimlerini de alaya alır. "Seminer"in yazarı kendisini analitik

55 Points, s. 7-8. (İng. çev. n.).

topluluktan dışlar. Böylelikle biz, Freud, Poe, iki Dupin'den biri ve ben oluruz: "Dupin'imiz, eylemi, ötekinin beklenmedik bir gafıyla ilişkilendirilmeye götürülebilen psikanalistin başarısıyla kendi başarısını denk gösterdiği oranda. Genellikle onun mesajı, onun incelemesinin tek etkin başarısızlığıdır: Dupin'in, olayı kapatsa da açığa çıkmamış olarak kalacak mesajı gibi.

"Ancak başka yerde sahip olduğu giriş görevini burada da sürdüren bu metin gibi, bu terimlerin de her zaman ne kadar çok değerlendirilirse o kadar az anlaşılacağını söylersem.

"Bu terimlerin çalınan mektup kadar açık biçimde görünürde olduğunu düşünen ve mektubu bu terimlerle görseler bile, Dupin gibi kendilerinin mektubun efendisi oldukları kanaatiyle gören psikanalistler tarafından daha da az anlaşılır.

"Aslında onlar benim terimlerimi mantıksız ya da anlamsız kullanma konusunda efendidirler. Bu konuda bir kaçı kendilerini gülünç duruma düşürmüşlerdir. Bunlar, diğerlerinin şüphe duydukları şeyin, kendilerini denk görmedikleri şiddet olduğunu söyleyenlerle aynı kişilerdir."[56]

Böylece bu gülünç mirasçılar ya da müritler, efendiye ait terimleri mantıksız ya da anlamsız biçimde bozarlar ve efendi onlara naif Dupin'le özdeşleşerek, kendilerini efendiler yerine koymamalarını hatırlatır. Ve efendinin terimlerini uygun şekilde kullanmak, bu terimleri ona geri döndürmek, aynı zamanda doğru yolu hatırlamak ve Dupin gibi (hangi Dupin?) efendinin, Freud'a kendisine ait mektubu geri döndürmenin efendisi olduğunu hatırlamaktır.[57] (Devam edecek.)

---

56 Points, s. 8. (İng. çev. n.).

57 Aynı zamanda teslim edilmeyen [en souffrance] Freud'un mektubu da iadeyi beklemektedir. Analitik topluluk, bir mirasın tehdit edici gücünü mühürlenmiş şekilde koruyarak poste restante gibi örgütlenir. Freud'un sahihliğine sahih dönüş, Freud'un sahihliğinin sahih dönüşü (le retour à la

Dupin'in psikanalistle özdeşleştirilmesiyle başlayarak bir çifte kazanç sağlanır:

1. Başka hiç kimsenin görmediği şeyi görebilen kişinin açıklığı: şeyin yerini görebilen, bacaklar arasında (ve "Seminer"in yazarı, o zaman şöyle der: biz psikanalistler, kendimizi simgesel devirden çekeriz ve katılımcısı olmadığımız sahneyi nötrleştiririz); 2. Analitik topluluğun naifliğini ifşa etme olanağı, "Siz psikanalistler, Dupin gibi kendinizin efendi olduğu-

---

lettre de la lettre de Freud) bildiğimiz üzere Ecrits'in bütün güzergâhını motive eder. Bu, Introduction to Jean Hyppolite's Commentary on Freud's Negation başlıklı esere daha sonra konulan bir girişte (1966), her yerde, özellikle D'un dessein başlığı altında, (ileride bu sözü tırnak işaretleri içindeki tırnak işaretleri arasında okuyacağız) ifade edilir. Olumsuzlamaya ilişkin bu not, şu vurguyla başlar: "her şeyden önce Freud'un mektubunun kutsanması ya da orada bir buluşma için önceden verilen bir "randevu" hakkında düşünüp geçmeyin: 'Seminer'imizin izleyen iki örneği, bizi, öğretimizin planına [dessein] ilişkin bir fikri okura iletmeye zorlar ... Çünkü bu şekilde, bir muammadan ayrılışının sonunda yine bulunacak olan bakiyesi önünde geri çekilmemek için ve hatta sonunda kendisine girmeyi sağlayan şaşkınlıkla ilerlemekten kurtulmanın düşünülmemesi için, önceden bir randevu vermeksizin Freud'un mektubu tarafından, onun gerektirdiği açıklamaya dek yönlendirilmeye izin vermek –zaten üç yıl önce, Freud'un bir sahih yorumuna bağlanmaya başladığımızda, deneyimli bir mantıkçı bunun arayışımızı oluşturan şey olduğunun güvencesini vermişti.

"Bu okuma talebi, söz konusu olduğu düşünülebilecek kültür belirsizliğiyle ilişkili değildir.

"Bize göre, Freud'un mektubuna verilen ayrıcalık, mektubun kendisi hakkında hiçbir boş inanca sahip değildir. Kendisi konusunda çok rahat olunduğunda bu mektuba, rutin bir kullanıma indirilmesiyle çok uyumlu bir tür kutsamada bulunulur.

"İster kutsal ister kutsal-olmayan olarak sunulsun, her metnin, uygun bir biçimde hakikatle yüzleşmeyi ima ettiği boyutta kendi sahihliğinin yaygınlığının arttığını görmesi, Freudçu keşfin yapısal nedenini gösterdiği şeydir.

"Kesinlikle bize sunduğu hakikatin, bilinçdışının hakikatinin, gösteren olarak adlandırdığımız dilin mektubuna çok şey borçlu olmasından dolayı." Ecrits (F), s. 363-364. Ayrıca bkz., örneğin s. 381.

nuza inandığınız anda, kendinizi kandırıyorsunuz" deme olanağı –Dupin'in bir katılımcı olarak (ve nasıl) kaldığını vurgulayarak, Dupin-psikanalist özdeşliğini koruyarak.

Gerçekten. Kararsızlığını betimlediğimiz paragraftan ("muhtemelen," "en yıkıcı gösteren" vb.) sonra, Dupin'in hilesinin –Oedipal sahnedeki bütün hilelerin en büyüğünün–kendi tuzağı içinde bir *motivasyonu* nasıl taşıdığını tanıtlamak için çok zeki bir oyun oynanır; oyun, çığrından çıkma noktasına gidecektir.

Söz konusu olan, "Seminer"in son sayfalarıdır, "Ama hepsi bu değil" (S., s. 68) ve "Hepsi bu mu ..." (S., s. 72) ile bölünen sayfalardır. "Bütün anlamlandırmanın en yıkıcı göstereni ... yani para" sayesinde devirden geri çekilmek için bir analitik prosedür olarak Dupin tarafından talep edilen karşılık yorumlanır yorumlanmaz, *Çalınan Mektup*'un sonunda çoğalan nötr-olmayışlığa ilişkin bütün göstergeleri açıklamak güçtür. Bu, şok edici bir paradoks değil midir? "Ama hepsi bu değil. Dupin'in kendi istismarından böylesine zekice elde ettiği kâr, eğer amacı onun yatırdıklarını oyundan geri çekmesine izin vermekse bu, her şeyden öte küstah prestiji Dupin'in kendisine oynadığı oyunla yeterince sönmüş görünen Bakan'a karşı giriştiği yandaş saldırıyı, hileli darbeyi bütünüyle daha paradoksal, hatta şok edici kılar" (S., s. 68). Bu yüzden hepsi bu değildi. Ve Dupin'in "öykünün sonundaki duygu patlaması"na (S., s. 68), kendi manevrasını imzalayarak Bakan'la kozunu paylaştığını iddia ettiğinde "açıkça dişil doğalı öfke"sine (S., s. 71) işaret edilmelidir. Öyleyse Dupin, dişilleşme adı verilen süreci yeniden üretir: mektuba –gösterenin yerine– sahip olur olmaz yerini işgal ettiği Bakan'a (Bakan'ın arzusuna) kendisini tâbi kılar ve Kraliçe'nin arzusuna uyar. Burada, anlaşma sayesinde, Kral'ın (körlükle belirlenen) yeri ve mektubun, "doğru yol"uyla ve kendine ait güzergâhı izleyerek çevrimsel tarzda geri dönmesi gereken Kraliçe'nin yeri arasında artık ayrım yapılamaz. Gösteren yalnızca tek bir uygun yere sahip olduğundan, temelde mektup için yalnızca tek bir yer vardır ve bu yer, ona sahip olanların tümü tarafından art arda işgal edilir. Öyleyse, devreye girer girmez mektubu geri almak ve onu kendine ait yola geri koymak için Bakan'la özdeşleşen Dupin'in artık bu yoldan ayrılamayacağı kabul edilmelidir. O, yolu kendi bütünlüğü içinde deneyimlemelidir. "Seminer," bu konuda garip bir soru sorar: "Böylelikle aslında Dupin, özneleraarası üçlüye ve bu yolla daha önce Kraliçe ve Bakan tarafından işgal edilen orta konuma tam olarak katılır. Kendisini üçlünün üzerinde göstererek, aynı zamanda bize yazarın niyetini de açıklayacak mı?

"Mektubu kendisine ait yola döndürmekte başarılı olmuşsa, kendisi için onu adresine ulaştırmaktan başka yapacak bir şey kalmaz. Ve bu adres, daha önce Kral tarafından işgal edilen yerdedir; çünkü mektubun yasanın emrine yeniden gireceği yer orasıdır.

"Gördüğümüz üzere, ne Kral ne de Kral'ı bu konuma yeniden yerleştiren polis, bu *yer körlüğü gerektirdiği* için mektubu okuyamadılar" (S., s. 69).

Eğer Dupin, şimdi "orta konumu" işgal ediyorsa, her zaman bunu yapmıyor muydu? Ve devirde başka bir konum var mı? Yalnızca anlatının, mektubu elinde tuttuğu bu anında mı Dupin, kendisini bir kez daha bu konumda bulur? Burada duramayız: başlangıçtan itibaren Dupin, mektuba çullanan, onu gerçek sahibine (ne Kral ne Kraliçe'ye, ancak onları birbirine bağlayan Yasa'ya) geri döndürmek için ona sahip olmaya çalışan gözlemleriyle hareket eder ve böylelikle kendisini (erkek kardeşi olan) düşmanına, daha küçük ya da ikiz erkek kardeşine (Atreus/Thyestes), temelde aynı hareketlerle aynı amaçları güden Bakan'a tercih edilir bulur. Bu yüzden o, eğer bir "orta konum"da ise, yukarıda verilen üç bakışın farklılaşması artık uygun değildir. Yalnızca devekuşları vardır, kimse yolunmaktan kurtulamaz ve insan ne kadar çok efendi olursa, arkasını o kadar çok sunar. Bu durum, Dupin'le özdeşleşen herkes için doğru olacaktır.

Belirttiğimiz üzere, Dupin'e ilişkin garip bir soru: "Kendisini üçlünün üzerinde göstererek, aynı zamanda bize yazarın niyetini de açıklayacak mı?"

Bu, yalnızca "yazarın niyetleri"ne (ayrıca bkz., S., s. 41) ima değildir. Bu sorunun biçimi, yazarın, niyetinde genel bir efendilik durumunda olduğunu, onun, (yalnızca üçgenleri sahnelediğini varsayarak) sahneye konulan üçgenlere ilişkin, yalnızca bir aktörün, yani Dupin'in üstünlüğüyle temsil edilebilen *üstünlüğünü* ima eder. Bu imayı burada bırakalım: bütün bir "edebiyat" kavrayışı.

Dupin kendisini üstün göstermiş olacak mı? "Seminer," Dupin'in onu bulmayı umduğu yerde gördüğü şeyden başladığından dolayı, mektubun iade işlemini yinelediğinden dolayı, hayır yanıtını veremez. Ya da Dupin de bir devekuşu olduğundan, evet diye yanıtlayamaz. Bu yüzden yine de "Dupin'in gerçek stratejisini deşifreleme" fikrinden vageçilmeksizin (ve şurada burada daha fazla muğlaklık olmaksızın, bir hipotez olmaksızın) Dupin'in gerçek konumu, açığa çıkmamış bir şeyin muğlaklığına ya da bir hipotezin askıda kalmışlığına bırakılacaktır. Burada açığa çıkmamış şey, şudur: "Dupin'imiz, eylemi, ötekinin beklenmedik bir gafıyla ilişkilendirilmeye götürülebilen psikanalistin başarısıyla kendi başarısını denk gösterdiği oranda. Genellikle onun [?] mesajı, onun [?] incelemesinin tek etkin başarısızlığıdır: Dupin'in, olayı kapatsa da açığa çıkmamış olarak kalacak mesajı gibi."[58]

İşte askıda kalan hipotez: "Ancak o, bize söylendiği gibi gerçekten kumarbazsa, kartları bırakmadan önce son bir kez onlara bakacaktır ve elini okuduktan sonra, rezil olmaktan ka-

58 Points, s. 8. (İng. çev. n.).

çınmak için zamanında oyundan ayrılacaktır" (S., s. 72). Bunu yapmış olacak mı? Her ne kadar açığa çıkmamış şeye karşın, hipoteze karşın, mektubun şifresine, Dupin'in gerçek stratejisine ve çalınan mektubun gerçek anlamına sahip olmaktan emin olacak kadar uzun bir süre bu nokta üzerinde dursa da, "Seminer"deki hiçbir şey bunu bildirmez. Burada "evet," "şüphesiz" anlamına gelir. Tıpkı anlatıcının öykünün sonunda konuşmasına izin verdiği Dupin'in, manevrasında başarılı olduğuna emin görünmesi gibi. "Seminer"in sonucu: o, "rezil olmaktan kaçınmak için zamanında oyundan ayrılacaktır.

"Hepsi bu mu? Kendisiyle bizi aldatmaya mecbur olduğu imgesel hilelerin dışında Dupin'in gerçek stratejisini deşifre ettiğimize inanacak mıyız? Şüphesiz evet, çünkü eğer 'Düşünmeyi gerektiren bir konuysa,' Dupin'in başlangıçta belirttiği gibi, 'karanlıkta irdelemek daha iyi olur,' şimdi onun çözümünü açık gün ışığında kolayca okuyabiliriz. Zaten örtüktü ve çoktan dikkatinize sunduğumuz, içinde gönderenin alıcıdan kendi mesajını ters yüz edilmiş biçimde aldığını söylediğimiz formüle göre hikâyemizin başlığından kolayca çıkarılacaktır. Böylelikle 'çalınan mektup', yani 'teslim edilmeyen mektup' *[lettre et souffrance]* şunu ifade eder: bir mektup daima varacağı yere varır" (S., s. 72. Bunlar "Seminer"in son sözleridir).

İLK İKİNCİ
FREUD'UN ELİNDEN MEKTUBUN HAKİKATİ

Dupin'in gördüğü (başkaları tarafından görülmeyen) şeyi ve hatta Dupin'in, çifte rolüyle (devrenin içinde ve dışında, oyunun "katılımcısı" ve oyunun dışında) görmediği ya da, yalnızca (sonuç olarak bütün ötekiler gibi) eksik olarak gördüğü şeyi görürken "Seminer," her şeyin "açık gün ışığında" "kolayca" görüldüğü yerden sunulur.

Kısacası, bir "katılımcı" olarak körlüğünü hesaba katmaksızın, kendisine "üçüncüsü, ilk iki bakışın ... vb. görür" dendiği andaki Dupin gibi. Ve "Seminer," Dupin gibi, yeri ve yörüngesi, yasası ve yazgısı yani *bizzat* varacağı yeri kavrandıktan sonra mektubu varacağı yere geri döndürür: varılacak yere varma.

Ancak aklıselim Dupin, yalnızca istemeden de olsa, Kral'ın ve polisin yerlerinin de dâhil olduğu devrin bütün yerlerini art arda işgal etme noktasına kadar devre girerek böyle olabilir. Kusursuz bir biçimde rollerini oynadığı bütün diğerleri gibi, Kraliçe'nin arzusuyla ve kendisi bu arzuyla sözleşen anlaşma aracılığıyla harekete girer. Ve bütün diğer efendilerle, rakipleriyle, ikizleriyle, erkek kardeşleri ya da meslekdaşlarıyla ilişki içinde bile "kendisini üstün göstermesi," arkaya bakamadan hileyi yinelemesidir. Bu, başka birisi elinde tüyü tuttuğu anda zorunlu olarak onu hazdan yoksun bırakmaz.

Öyleyse Dupin'in yinelenmesi. Unutmayalım ki, "şimdi onun çözümünü açık gün ışığında kolayca okuyabil[eceğinden]" dolayı "Seminer"in yazarı, Freud'un mirasının kötü ve sadakatsiz muhafızları olan kendi meslekdaşları için bir sahne hazırlıyor. Göstergelerine işaret ettiğimiz "duygu patlaması"yla o, en azından yola geri dönmeye çalışıyor: teslim edilmeyeni *[en souffrance]* ve "Freud'a geri dönüş"le desteklenmeyeni düzeltmek, tashih etmek, doğru yola geri koymak için, "her dönüşte bu sıfatla itiraf edilmiş olmayacak kadar açık bir sapmayı düzeltmek" için. Dupin gibi (yukarıya bkz.) kendilerinin onların efendisi olduklarına inandıklarından dolayı tam da kendine ait "terimler"i, "Seminer"in yazarının terimlerini bozdukları için, aynı zamanda erkek ya da bayan meslekdaşlarını da kınar. O zaman, terimlerini kendisi için yeniden-temellük eder, ancak bunu, onları Freud'a geri vermek, geri döndürmek için de yapar, çünkü burada mesele, gerçek açıklamayı, doğru öğretiyi[59] onarmaktır. Kendisini "hanımefendinin yandaşı" olarak adlandırmakla, tıpkı Dupin'in hem Kraliçe'yi minnettar kılması hem de onu Kral'a bağlayan sözleşmeyi taklit etmesi gibi –vakitsiz ölmüş ve bu yüzden Kral gibi hiçbir sonucu asla bilmeyecek olan– Freud'la "Seminer"in yazarı –yazarın yeri– arasında da anlaşmaya benzer bir şey olacaktır. Ancak Kral bir anlaşmayla bağlanır mı? Ya da ölüler? Bu sorunun beklemesi gerekiyor.

En dikkate değer tartışma, diyelim ki en sinsi hileli vuruş, "açıkça dişil doğalı bir öfke," Fransa'da uzun süredir kendisinin Freud'un otoritesinin en yetkili emanetçisi, yasal vârisi olduğuna inanan, onunla mektuplaşan, kişisel güven bağlarını koruyan ve hatta eşzamanlı ihanet ve körlüğü "Seminer"in yazarınca bilinen bir tür Bakan gibi ülkemizde Freud'u temsil eden erkek ya da bayan meslekdaşa, Bonaparte'a yönelir. Hatta bu bayan Bakan, kendi kitabında *Çalınan Mektup*'a el[60] koymaya çalışır. Ve her şeyden önce Freud'dan saptırılan mektuba. Ve o, kendi düzeninde Poe üzerine kitabının başlığında

---

59 Tam olarak "otantik hatları boyunca Freudcu deneyimi," *Ecrits* (E), s. 171.

60 El sorunu: Freudcu mesajın gaspçısı adıyla Bonaparte'a saldırıldı. Israrla, sürekli, otomatik olarak. Pişirme konusunda ihtiyatlı bir küçümseyle sınırlandırılan, aşçıya saldıran dipnot, "Seminer"in La *Psychanalyse*'de ilk yayınlanmasından neredeyse on yıl sonra Ecrits'e eklenmişti. Ama aslında Roma döneminden itibaren, aynı adın söylemi içinde, beş yıl önce Bonaparte'a karşı asıl suçlama zaten yapılmıştı: ikinci el! Bonaparte'ın metinleri, Freud'un mektubuna ilk elden sahip olmaz. Belirli bir yazar, Freudcu teorinin güç belâ farkındadır, "çünkü şüphesiz haklı olarak ikisini karıştırmaması için okurun uygun beğenisine güvenerek, ancak ikincil metnin *(seconde main)* gerçek düzeyini anlamaktan uzak olmadığını da kanıtlayarak –herhangi bir şekilde gerçek hakkında öğütlenmiş okur olmadan– Freud'un eserlerinin bir dengi olarak defalarca alıntıladığı Marie Bonaparte'ın eserleri aracılığıyla bu teoriyi ele alır" *Ecrits* (E), s. 39. Ve eş zamanlı olarak ilk eli kendimize saklamak ve ikincisi hakkında çok fazla genelleme yapmamak zorunda olduğumuzdan dolayı, iki düzey vardır. Bir iyi ikinci el ve bir

Freud tarafından imzalanmış bir tanıklığı, (yerine göre) hem anlaşmayı hem de ihaneti mühürleyen, psikanalizin babasını *eşzamanlı* olarak Kral'ın yerine, (anlaşmanın yeniden kurulması, ihanetin silinmesi ve sapmanın düzeltilmesi" için"kendi" mektubunun kendisine iade edilmesi gereken) Kraliçe'nin yerine ve çalınan mektubun gizemli imza sahibinin yerine, Kraliçe'nin arkadaşının ya da entrika ortağının yerine yerleştiren bir tür mektubu koyar. Daha sonra hakikat (hem neden hem de sonuç olarak causa sui) hakkında söylenileceği üzere (ve aynı zamanda ölülerin (Kral'ın) yerini de işgal ettiği için, vefatının sonucu olarak) Freud, yalnızca kendisiyle anlaşma yapan tek kişidir.

Freud'un eliyle imzalanmış bu tanıklığın burada okunması gerekiyor. Eğlence için, ancak aynı zamanda aslında Kral'ın ilk elde son tüyü kazanırken; iadeyi, yani onarımı beklerken, kendisini ölümünden beri pek çok kişiyi harekete geçirmiş bulduğunu nasıl görmüş olacağını anlamak için. A *priori*, vakitsiz ölmüş olma konumunda Freud, "Seminer"e asla önsöz yazmış olmayacak; "Seminer bu görevi çeşitli vesilelerle bizzat üstlenmiştir. Ancak Freud tarafından yazılan bir önsözün üreteceği görünüm hayal edilebilir. İşte bu hayali desteklemek için, Freud'un kendi eliyle ve bizzat ilk elden ve yalnızca Bonaparte için imzaladığı bir önsöz (*gerekçeler*den itibaren, *facteurs* teorisi yalnızca aktarılmak için vardır):

> Bu kitapta, dostum ve öğrencim Marie Bonaparte, patolojik eğilimleri olan büyük bir yazarın yaşamına ve eserlerine psikanalizin ışığını saçtı.

---

kötü ikinci el. Göreceğimiz üzere "iyi" ikinci el, Freudcu metnin mektubunu "hakikatin yeni bir ortaya çıkışını oluşturduğundan dolayı sözün aracı olan metin" olarak ele alır, nasıl "onun gerçek bir söz olarak ele alınacağını," nasıl "dolu söz" olarak "onun kendi otantikliği içinde deneyimleneceğini" bilir Ecrits (F), s. 381. Bu, Freud'un metnine ilişkin bir sorundur. Ve Bonaparte'ın "ikinci el"inin hevesle bir kenara bırakılması, "dolu söz"ün zaferine ilişkin bölümden önceki birkaç satırda okunabilir.

> Onun yorumlayıcı çabası sayesinde artık biz, Poe'nun eserlerinin kaç karakteristiğinin onun kişiliğiyle belirlendiğinin farkına varıyoruz ve bu kişiliğin nasıl yoğun duygusal takıntılardan ve acı dolu bebeklik deneyimlerinden kaynaklandığını görebiliriz. Bu tür incelemeler, yaratıcı dehâyı açıklama iddiasında bulunmaz; ancak bunlar, onu uyandıran faktörleri *(facteurs)* ve seçmeye yöneldiği konu türünü açığa çıkarır. Çok az görev, doğuştan istisnaî yeteneklere sahip bireylerin psikesini yöneten yasalara yönelik inceleme kadar ilgi çekicidir. Sigm. Freud (Bonaparte, s. xi)

Doğruluğundan şüphelenmeksizin, ancak daha çok mutlak biçimde ilk elin otantikliğinde ortaya çıkmadığını kabul etmek için, bu mührün, ilk olarak Bonaparte'ın çevirisinde göründüğü söylenebilir.

Tam da yalnızca öteki özdeşleşmeyi sürdürebilmek için, "katılımcı" Dupin'le özdeşleşmeyi kestiği anda; masadan ayrıldığı sırada Dupin'in gerçek stratejisini deşifre ettiği anda; "şüphesiz evet," "çalınan mektup"un gerçek anlamını açık gün ışığında sergilediği anda; tam bu anda analist (hangisi? öteki) Dupin'e (hangisi? öteki) en çok benzer; özdeşleşmeler zincirinin, otomatik olarak, zorunlu olarak Bakan'ı, Kraliçe'yi, Kral'ı (Polis'i) yinelerken, ona karşıt yönde bütün sirki dolaştırdığı anda. Şu ya da bu anda her biri Kral'ın yerini işgal ettiklerinden dolayı, bu oyunda (devam edecek) en azından dört Kral vardır.

Çalınan Mektup, aslında buna katılmak zorunda kalınmadan ezici yineleme zorlanımını tanıtlar. Bu noktada bile hakikatin aşçısı ya da efendisi[61] olan Freud'un vârisleri, birbirle-

---

61 "Herhangi bir simgesel mübadele içinde temel olan, otantikliği içinde insanın "süren söz" *(parole qui dure)* adını verdiği kamo'yu yapan şeyi bir araya getirme işlevini üstlenerek, bir kaydetme rolü oynuyoruz.

"Öznenin samimiyetini açıklamak için çağrılan bir tanık olarak, söyleminin ayrıntılarının emanetçisi olarak, kendi kesinliğinin göndermesi, dürüstlüğünün garantörü, tanıklığının koruyucusu, vasiyetnamelerinin yazıcısı olarak analistin, kendisi hakkında yazanla ilgili bir yönü vardır.

rini çok sadık biçimde yinelerler. Lacan gibi Bonaparte da bütün çözümlemesini *Wiederholungszwang* başlığı altına kaydeder. Tek-anlamlı bir hakikatin monotonluğunu haklılaştırmak için bunu açıklar. Freud da Schreber analizinde bunun için kendisini mazur gösterir: "Bu yüzden güneş, babanın bir diğer yüceltilmiş simgesinden başka bir şey değildir; buna işaret ederken psikanaliz tarafından sunulan çözümlerin monotonluğuna ilişkin bütün sorumluluğu reddetmem gerekir" (XII, 54). Bonaparte: "Poe'nun kadın kahramanlarının bu korkunç incelemesiyle devam etmeden önce, temanın monotonluğu konusunda kendimi mazur göstermem gerekir ... Çünkü burada, birbirini takip eden beş ya da altı hikâyeden daha fazlası bulunmayacaktır. Şüphesiz okur, bu sayfaları okurken, bitkin düşecektir. Yine de, onu bu bitkinlikten koruyamam (...) temanın bu monotonluğu, kendi ifadesinin monotonluğu gibi, *ezici yineleme zorlanımı* hissedilmesine olanak sağlar ..." (Bonaparte, s. 83).

Burada sürekli monotonluk, en azından *Çalınan Mektup*'un dışında metinsel bir ağın yapılanmasına, belirli motiflerin (örneğin, kastrasyon-sarkma-şömine rafı zinciri) yinelenmesinin tanıtlanmasına sevk eder. Böylelikle şöminenin rafının altından sarkan mektup, *Morgue Sokağı Cinayetleri*'nde karşılığına sahiptir.[62] Bize göre, bu yinelemeye ve ona işaret etmeye du-

---

"Ancak her şeyden önce o, bu söylemin gelişimi olduğu hakikatin efendisi olarak kalır. Söylediğim gibi, her şeyden önce o, onun diyalektiğini böler. Ve burada o, bu söylemin değerinin yargıcı olarak anlaşılmalıdır." *Ecrits* (E), s. 98.

62 "Şimdi Rosalie, tıpkı doğumdan önce ana rahmindeki bebeğin durumu gibi, gorilin güçlü kollarıyla 'oldukça sıcak bedeni' yatak odasının şöminesinde baş aşağı sıkıştırılmış durumda bulunur. Yatak odası, annenin bedeniydi, şömine, aynı şekilde yaygın bir simgeciliğe göre annenin vajinasıdır –ya da daha çok kloakası; tek başına, bilinçdışında mevcut bebeklik dönemi cinsel teorilerine mukabil kloaka." Bonaparte, s. 548-549. [Burada tuhaf bir hata var. *"Morgue Sokağı Cinayetleri"*ndeki kızın adı, Rosalie değil, Camille'dir.]

yulan ilgi, empirik zenginleştirmeye, deneysel doğrulamaya, sürekli bir direnmenin betimlenmesine ilişkin bir ilgi değildir. Bu ilgi, yapısaldır. *Çalınan Mektup*'u kendi sınırlarını aşan, ait olduğu ve içinde "Seminer"in gelişigüzel bir çerçeveyi ya da kesiti işlediği bir doku içine kaydeder. *Çalınan Mektup*'un, *Morgue Sokağı Cinayetleri* ve *Marie Rogêt'nin Sırrı* ile birlikte Baudelaire'in bir "tür üçleme" adını verdiği şeye ait olduğunu biliyoruz. "Seminer," bu Dupin üçlemesi hakkında bir tek söz bile etmez; yalnızca anlatıyı kendilerine merkezlemek ve yorumun yükünü (mektubun varacağı yeri) taşımalarını sağlamak için anlatılan üçgenleri ("gerçek drama") yükseltmekle kalmaz, aynı zamanda doğallaşmış bir çerçeve gibi ihmal ettiği bir topluluktan Dupin döngüsünün üçte birini de yükseltir.

Sarkma ve fallus denkliğine gelince, Bonaparte ağa birden fazla metni yerleştirir ve örtülen/örtüsü kaldırılan/iğdiş edilen Dişillik'in yalnızca erkek için Hakikat figürü olduğunun düşünülmesine sevk ederek, burada erkeğin bakış açısının kadının bakış açısıyla aynı olmadığını öne sürer. Erkek, yalnızca bu *point de vue*'dan[63] hakikatin efendisi olacaktır.

Freud'u izleyerek Bonaparte, "kadının kastrasyonu"nun "küçük oğlan çocuğunun temel fantezilerinden" biri olduğunu hatırlattığında, doğrudan simgesel bir sistem ve çok kendiliğinden anlambilimcilik üzerinden Poe'nun biyografisiyle ve aslında başlangıç sahnesinin gerçek bir gözlemiyle kesinlikle bu önermeyi dillendiriyor. Ancak zahmetli psikobiyografik ilgisi, bizzat uygulamalı psikanalizi (bu yapılacaksa, uygulamaya başvurulur), Lacan'a kapalı kalan metinsel yapılar açar.

63 Her şeyin "erkek bakış açısından *(point de vue)*" düzenlendiği "kurgu" hakkında söylenenlerle karşılaştırınız: yine de, Bonaparte, özellikle bu iki sayfada basitçe bu noktadan kaçmaz. Freud'un kendisine "onunla tartıştığım 'Kara Kedi'ye ilişkin" (Bonaparte, s. 566-568) belirli açıklamalar sunduğu mektuba minnettarlıkla göndermede bulunur. *[Point de vue* için bkz., yukarıda dpnt. 16. İng. çev. n.]

Böylelikle yalnızca bu tek indeksi elde tutmak için, Poe'nun bilinçdışını (yazarın niyetlerini değil) incelerken, onu, karakterlerin verili konumuyla özdeşleştirirken Bonaparte, yalnızca *Çalınan Mektup*'ta değil, ancak ondan "önce"de Dupin'le ilişkisinin kurulduğu andan itibaren anlatıcının konumuna çok dikkat eder.[64] Bunun sonucu olarak, bütün çifte fenomenlere de çok dikkat eder: (açıkça, Bonaparte'ın Lacan'dan daha fazla söz etmediği) *Tekinsiz*'i yönlendiren, sonra yolunu şaşırtıp kurgusallaştıran fenomenler. Poe'nun eşit derecede kendisini temsil eden iki karaktere, anlatıcıya ve Dupin'e bölünmesiyle ilgilenen Bonaparte, böylelikle "Seminer"in ihmal ettiği, gerçekte dikkate değer nitelikteki, kendisi de çift (Bonaparte'ın almadığı anlatan-anlatılan) olan anlatıcının, Dupin'in çifte doğasını çok vurgulaması olgusu üzerinde değerlendirme yapmaya yönelir: Dupin çifttir, kendisini ikiye katlar ve kendisini kendisi aracılığıyla ikiye böler Eğer Dupin, yalnızca kendisinin bir çiftiyse ve eğer o, bir çiftin (anlatıcının) çiftiyse vb., "drama" içindeki konumların ve bakışların tanımlanmasında olduğu kadar, "gerçek" adı verilen "drama"daki üçgenlerin sınırlandırılmasında da bir rahatsızlık oluşturma tehlikesini göze alır. Gördüğümüz üzere, böylece bizzat "gerçek drama"da, mektubu kendisine ait yerde ve açık anlamıyla bulan herkesin yaptığı gibi Dupin'in art arda bütün karakterlerle özdeşleşmesinden dolayı daha da fazlasını. "Seminer," bu çift ve *tekinsizlik [Unheimlichkeit]* sorunsalına acımasızca el koyar. Ve bunu, şüphesiz bu sorunsalın, Simgesel ve üçgen olandan ayrı tutulması gereken İmgeselde, çifte ilişkide içerildiğini varsaymak için yapar. Elbette, sorunsal tarzda mektup teorisi (yerindeki eksikliğin yeri ve gösterenin bölünemezliği) ile birlikte, hakikate başvuruşunda "Seminer"in bütün söylemini destekler gö-

64 Bonaparte, s. 518 vd. "Çalınan Mektup," Dupin'in *üçüncü* görünüşüdür.

rünen şey, Simgesel ve İmgesel arasındaki bu ayırımdır. İkili bir yapıda sınırlanmadan açılan bütün *"unheimlich"* hile ilişkileri, "Seminer"de ihmal edilirler ya da marjinalleştirilirler. Onlar, yalnızca üçgen simgesel sistemin oluşumunda nötrleştirilmiş, bastırılmış, tahakküm edilmiş göründükleri anda, öğretinin ve Freud'a dönüşün konusunu biçimlendiren, "gerçek" adı verilen öznelerarasılık göründüğü anda ilgi konusu olurlar. "Böylelikle, dinleyicilerimize yansıtma nosyonunda ima edilen ikili ilişkiyi gerçek bir öznelerarasılıktan ayıran şeyi tanıtlamak için, hâlihazırdaki seminerin konusu olacak olan öyküde, sözü edilen bir harika çocuğu, bir tek mi çift mi oyununda kazanması gerekenden çok daha fazlasını kazanmasını sağlamak için yönlendiren şey olarak Poe'nun kendisi tarafından olumlu biçimde açıklanan akıl yürütmeyi zaten kullandık."[65] Bu yüzden kendisini kontrol edilmiş bulan şey, *Unheimlichkeit*'tır ve simülakrumdan simülakruma, çiftten çifte göndermelerle –herhangi bir yeniden-temellük, kapanma ya da hakikat umudu olmaksızın– harekete geçirilebilen ıstıraplı karışıklıktır. Bedeli ne olursa olsun bu, bir yasanın örneği kılınmak istenirse, Dupin üçlemesi, buna geri döneceğiz, bir özdeşliğin her doğrulamasını bozarak bu kontrol edilemezliğe örnek oluşturur. Üçlemedeki çifti nötrleştirerek "Seminer," "Psikanalizde Saldırganlık"ın "kontrol edilemez anksiyete" adı verdiği şeyden kaçınmak için her şeyi zorunlu kılar. Elbette analizandın anksiyetesi: "Ama kendi analistinde kendisinin tam bir kopyasını gören bir hastada neyin gerçekleştiğini düşünelim. Herkes şuna inanır: saldırgan gerilimin aşırılığı, aktarımın tezahürüne karşı öyle bir engel kurar ki, onun yararlı sonucu yalnızca aşırı derecede yavaş biçimde ortaya çıkartılabilir ve bu muhtemel analistlerin analizlerinde bazen gerçekleşen şeydir. Uç bir örnek almak gerekirse, çifte ilişkin kavra-

---

65 *Ecrits* (F), s. 57. (İng. çev. n.).

yışlara uygun tuhaflık biçiminde deneyimlendiğinde, bu durum, analizand açısından kontrol edilemeyen bir anksiyeteyi başlatır."[66]

Bonaparte ve Lacan'ın bunu neden aynı anlama, mektubun nihaî anlamı ve uygun alanı olarak annenin kastrasyonuna göre yorumladıkları, her ikisi de Freud'dan hareketle ve çalınan mektubun belirli bir işlevi içinden çalıştıklarından dolayı, muhtemelen artık daha anlaşılabilirdir. Ancak her ikisi de metnin üzerinden aynı tarzda geçmez. Üslup ve oran farkları burada ihmal edilemez. Bu yüzden birisi, iyi bilinen risklerle ve alışkanlığa dayalı dogmatik tedbirsizlikle, daima yazarın bilinçdışına geri döner. Diğeri, bu alanda eşsiz felsefi bir ihtiyatla Hakikat'e döner. Yalnızca metnin hakikatine değil, Hakikat'e. Kesinlikle Hakikat'in kendisine. "İnceleme altındaki Freud düşüncesindeki bu uğraktan ... çıkarılabilecek hakikat" (S., s. 40), "Kurgunun kendi varoluşunu olanaklı kılanın, bu hakikat olduğunu kaydedelim" *(a. g. y.)*, "tamamen farklı bir yere, doğrusunu söylemek gerekirse, tam da öznelerarasılığın temeline yerleştiril[en]" "hakikatin kaydı" (S., s. 49), (başka yerde "otantik" diye adlandırılan) "gerçek öznelerarasılık," "hikâyenin gerçek öznesi," "kendisine uygun yol," "Dupin'in gerçek stratejisi," "çözümü ... açık gün ışığında" vb. –hakikatin değeri, bütün "Seminer"i harekete geçirir. O, gösterenin uygun alanında bulunur bulunmaz, "Seminer"in bütün kavramlarını dillendirir. Nihayetinde –dağıtılacak– tek bir hakikate sahip olan ve daima hakikat içinde kendisine geri gelen eksikliğin yerinde, tam olarak uygun bedenin uygun bir yerinde eksikliğin kendisiyle ilişkisi haline gelen uygunolanın yerinde bulunur bulunmaz. "Uygun," "gerçek" ve "otantik," çözümleyeceğimiz bir zorunluluğa göre hakikatin değerini taşırlar.

---

66 *Ecrits* (E), s. 15-16. (İng. çev. n.).

Öyleyse Lacan'a göre hakikat nedir? Hakikatin bir öğretisi, Lacancı bir *öğretisi* var mıdır? İki nedenden dolayı bundan şüphelenebiliriz. Birincisi, genel bir nedendir ve sorunun terimleriyle ilişkilidir. Başka yerde, salt homojen bir sistemin yapısal olarak olanaksız olduğunu gördük. İkinci neden, burada bizi ilgilendiren söylemin hareketliliğiyle ilişkilidir. Ecrits'den sonra gelen yayınlarda, sürekli sözel bir öğretiyi bildirmelerinde, *aletheia*, *logos*, konuşma, söz vb. üzerine büyülü sözleri boğan belirli bir geri çekiliş *[retrait]* algılanır. Ve savaş sonrası varoluşçu kavramların değilse bile, imaların daha da hissedilebilir bir silinişi algılanır. Hakikat üzerine belirli bir ifade tipi, belirli bir anda bir sistem biçiminde üretilmiş ve genişletilmiş olur. Ve bu bildirimler, bu etki için zorunlu olan bütün karakteristikleri taşır. "Seminer"in, (yeri geldiğinde *Ecrits*'i "Seminer"e hapsetmemek için) göndermede bulunacağım diğer bir takım makalelerinin de ait olduğu üzere, bu sisteme ait olmasından dolayı (bu en azından benim hipotezimdir), *Çalınan Mektup* okuması anlaşılmak isteniyorsa, sınırlarının çizilmesi gerekir. 1966'dan sonra, dönüştürülen bir teorik alanda, hakikat üzerine, metin üzerine Lacancı söylemde edebiyat kendisini bu kesin olmasa da bir takım temel yeniden-düzenlemelere ya da belirleyici yeniden-biçimlendirmelere uygun kılmış olsa bile, bu yapılabilir ve yapılmalıdır.[67] Bu sistemin kronolojik ve teorik çerçevesi, ayrıca yayının ilerideki yan etkileri göz önüne alındığında, daima dikkate tâbi kılınacaktır.

---

67 Neden *(Ursache)* olarak hakikat öğretisi, "hakikat etkileri" ifadesiyle birlikte, incelemek üzere olduğumuz sistemle aynı sıraya konulabilir. Hakikat etkileri, "The Direction of Treatment"ın zaten ifade ettiği şekliyle (bu metinde o, "özneyi 'dolu' söze yönlendirme" ya da herhalükârda özneyi "onu denemekten muaf" tutma sorunudur, *Ecrits* (E), s. 275), hakikatin etkileridir: "bu, bir hakikat sorunudur, yalnızca hakikatin, hakikat etkileri hakkındaki hakikatin sorunudur" *(a. g. y)*. Dolaşım, daima hakikatin dolaşımı olacaktır: hakikate doğru. Döngünün neden ve sonucu, *causa sui*, mektubun uygun yolu ve yazgısı.

1965-1966'dan sonra gerçekleşen şey ne olursa olsun, 1953 (Roma'ya ait olduğu söylenen Söylem) ve 1960 arasında konumlanan ya da daha doğrusu basılan bütün metinler, aynı hakikat sistemine ait görünür. Ya da niceliksel olarak, neredeyse *Ecrits*'in tümü ve bu yüzden "Seminer" de (1955-1957): bir kez daha, bölünmeye tahammül etmeyen şeyi en hassas noktasına kadar kesmekte daima acele eden akademisyenler tarafından muhtemelen bir gün söyleneceği üzere genç Lacan'ın eserleri.

Gösterenin mantığının koşulu olan bu hakikat sisteminin bir açıklamasını sunmayacağız. Ayrıca bu, açıklamada *açıklanamaz* olan şeyi içerir. Yalnızca onun "Seminer"le, "Seminer"in olanağıyla ve sınırlarıyla ilgili karakteristiklerini kavramaya çalışacağız.

Öncelikle söz konusu olan şey, söylenen şeyin, konuşmanın ve sözün, yani *ses olarak logos*'un otantik kusursuzluğu üzerine, İngilizce'de de aynı şekilde söylenebilecek bir *vurgudur [emphasis/emphase]*. Bu vurgu, açıklanmalıdır ve onun gösteren, yani mektup/harf teorisiyle ve hakikatle zorunlu bağı ortaya konulmalıdır. *Bilinçdışında Harfin Etkisi*'nin *[The Agency of the Letter in the Unconscious]* ve *Çalınan Mektup Üzerine Seminer*'in yazarının, neden sürekli olarak mektubu/harfi, yazıyı ve metni bağımlı kıldığı açıklanmalıdır. Çünkü o, resimli bilmeceler *[rebuses]*, hiyeroglifler, oyma resimler [engraving] vb. konusunda Freud'u tekrarladığında bile, son tahlilde daima sesle tinselleştirilen *[relevé]* bir yazıya başvurur. Bunu göstermek kolaydır. Pek çoğu arasından bir örnek: "Rüyanın kendisi gibi, bir yazı da figüratif olabilir, dil gibi o da daima simgesel olarak dillendirilir, yani okunur okunmaz *fonematik* ve aslında fonetik dile benzer."[68] Bu *olgu*, yalnızca yazının fonetik sistemleri adı verilen sistemlerin sınırları içindeki bir *olgu* önemine sahiptir. Bu tür sistemlerde fonetik-ol-

68 "Situation de la psychoanalyse en 1956." Ecrits (F), s. 470.

mayan unsurların bulunmasından dolayı daha fazlasına değil. Fonetik-olmayan yazı alanına gelince, onun olgusal büyüklüğünün artık tanıtlanması gerekmez. Ancak küçük bir sorun var. Burada, *de facto*'nun *de jure*'la ilişkisinden daha da fazla hesaba katılan şey, simgesel dillendirim ve fonematiklik arasında ima edilen eşdeğerliktir ("yani"). Simgesel, ses aracılığıyla oluşur ve gösterenin yasası, yalnızca sesletilebilir mektuplar/harfler içinde gerçekleşir. Neden? Ve (Freud'a isnat edilemeyecek olan ve bu yüzden Freud'a dönüşün açılışında kaybolan) bu fonematizm belirli bir hakikat değeriyle hangi ilişkiyi sürdürür?

Gördüğümüz üzere, hakikat değerinin her iki anlamı da, "Seminer"de temsil edilir. 1. Kökenden sona, gösterenin ayırma yerinden yeniden birleştirme yerine döngüsel geri dönüşde ve uygun yolda uygunlaşma. Bu uygunlaşma devri, anlaşmanın, sözleşmenin, yeminli sadakatin devrini korur ve gözetir *[garde et regarde]*. Simgesel düzen olarak kendisini tehdit eden şeye karşı anlaşmayı yeniler. Ve o, fallusun koruyuculuğu *[la garde]* eksikliğin koruyuculuğu olarak emanet edildiği anda kurulur. Kral tarafından Kraliçe'ye emanet edildiğinde ve böylelikle sonsuz bir yerini alma oyunu içinde. 2. Eksikliğin yapısı olarak *örtme/örtüyü kaldırma*: kastrasyon, gösterenin uygun alanı, onun mektubunun kökeni ve varacağı yeri, kendisinin örtüsünün açılmasında hiçbir şey göstermez. Bu yüzden o, örtüsünün kaldırılmasında kendisini örter. Ancak hakikatin bu işlemi, uygun bir yere sahiptir: temelleri üzerinde gösterenin kendisini kendi gerçek döngüsünden ayırdığı Varlık eksikliğinin *[manque à être]* yeri olan *[étant]* sınırları. Bu iki hakikat değeri, birbirine dayanır ve birbirini destekler *(s'êtaient)*. Birbirleriyle uyumludurlar. Fallusun korunması [gardé] gerekir gerekmez, başlangıç noktasına geri dönmesi gerekir gerekmez, yolda yayılmaması gerekir gerekmez, söze ya da mektubun fonetikleştirilmesine gereksinim duyarlar.

Şimdi, gösterenin kendi mektubunda korunması için *[pour que le signifiant se garde]* ve böylece geri dönüşünün sağlanması için kendi mektubunda onun "bölünme"yi kabul etmemesi, mektubun *birinden [de la lettre]* değil, yalnızca bir mektuptan, mektuplardan, bu mektuptan söz edilebilmesi zorunludur (S., s. 53-54). Bölünebilir olsaydı, daima yolda kaybolabilirdi. Bu muhtemel kayba karşı korumak için "gösterenin maddeselliği," yani gösterenin bölünemez tekilliği hakkındaki bildirim yapılandırılır. *Hiçbir yerde bulunmayan bir bölünemezlikten çıkarılan bu "maddesellik" aslında bir idealleştirmeye tekabül eder.* Yalnızca bir mektubun idealliği yıkıcı bölünmeye direnir. "Bir mektubu küçük parçalara ayırın, o, mektubun kendisi olarak kalır" (S., s. 53): empirik maddesellik hakkında bu söylenemediğinden dolayı, bir idealliği (kendisini değişim olmaksızın yerinden-eden bir kendine özdeşliğin soyutluğunu) ima etmesi gerekir. Yalnızca bu, mektubun tekilliğinin korunmasına [se garder] olanak tanır. Eğer bu ideallik anlam içeriği değilse, ya gösterenin (empirik olaylarından ve yeniden-basımlarından ayırt edilebilmesi oranında kendi biçiminde tanımlanabilen şeyin) belirli bir idealliği olması ya da göstereni gösterilene raptiyeleyen *"kapitone noktası" ["point de capiton"*[69] *]* olması gerekir. Bu son hipotez, sistemle daha yakından uzlaşır. Bu sistem, aslında gösterenin idealliğinin sistemidir. Onun içine yerleştirilen idealizm, analistin teorik bir konumu değildir; *semiosis* uzamı hangi tür dönüşümlere ya da ayarlamalara tâbi kılınırsa kılınsın, genel olarak *anlamlandırmanın* yapısal bir etkisidir. Lacan'ın bu "maddesellik"i "tuhaf" *[singulière]* bulması anlaşılabilir: Lacan, yalnızca onun idealliğini elinde tutar. Ayrılma yerinden yeniden-birleşme yerine, yani aynı yere sağ salim gidebilsin diye mektubu, yalnızca

---

69 *Capitonner* kapitonlamak anlamına gelir; *point de capiton [kapitone noktası]* Lacan'ın göstereni gösterilene bağlayan "kapitone dikiş" karşılığındaki terimidir.

kendi anlam içeriğiyle, "ilettiği" mesajın idealliğiyle, kendi anlamı bölünme alanının dışında kalan sözle belirlendiği noktada düşünür (Lacan'ın söylediği şeyin önemi yok). Aslında bu mektup, yalnızca bölünmeden değil, hareketten de kaçar, kendi yerini değiştirmez.

Bu, mektubun fonematik sınırlandırması yanında, onu bölünebilirlikten kurtaran bir ses yorumunu da öne sürer. Ses, bizatihi bu tür bir yoruma neden olur: kendiliğindenliğin, özmevcudiyetin kendine döngüsel geri dönüşün fenomenal karakteristiklerine sahiptir. Ve ses, dışsal yardımcı, kağıt ve zarf olmaksızın, korunabileceğine *[garder]* inanıldığından dolayı, daha da fazla korur *[garde]*: bize, kendisini bulduğunu [se trouve], her nerede bulunursa [se trouve] her zaman kullanışlı olduğunu söyler. Bu yüzden, sesin yazıdan daha kalıcı olduğuna inanılır: "Tanrı'ya şükür ki yazı kalır, konuşulan sözler için bu, daha fazla doğrudur" (S., s. 56). Eğer sesin içindeki, yani mektuptan önceki yazıya dikkat edilseydi, her şey tamamen farklı olurdu. Çünkü eğer bu kavramın Lacancı tanımı (gösterenin bölünemez alanı ya da maddeselliği) korunmak isteniyorsa, aynı soru, ses hakkında, hâlâ onun "mektup"u olarak adlandırılabilen şey hakkında yeniden-üretilir. Bu yüzden, cisminin parçalanmaları ne olursa olsun, aynı zamanda bu sessel "mektup" da bölünemez, daima kendisine özdeştir. Bu bütünlük, yalnızca bir sözün birliği içinde bir anlamın idealliğiyle bağlantısı sayesinde güvence altına alınabilir. Bütün *"kapitone noktaları" ["points de capiton"]* aracılığıyla gösterenin gösterilenle birliğini güvence altına alan sözleşmelerin sözleşmesine, gösterilenin bütün etkileri altındaki aynı gösterenin (fallusun), "gösterenlerin göstereni"nin "mevcudiyet"i (aşağıya bkz.) sayesinde aşama aşama daima geri döndürülürüz. Bu yüzden bu aşkın gösteren, aynı zamanda bütün gösterilenlerin gösterilenidir de ve bu, (yazılı ya da sözlü) mektubun bölünemezliği içinde kendisini korunmuş bulan şeydir.

Bu tehlikeden, aynı zamanda *Gramatoloji*'de *[Of Grammatology], Harften Önce Yazı [Writing Before the Letter]* ("dolu söz"ün üstünlüğünün incelendiği ilk bölümün başlığı) olarak adlandırmayı önerdiğim yayılan güçten de kendisini korunmuş bulan şey. Lacancı mektubun/harfin etkisi, konuşma sisteminde yazının yerini alandır *[relève]*.

Çalınan mektubun "drama"sı, mektubun korunduğu [se garde] –bir an olmayan– anda başlar. Onu korumak için eylemde bulunan Bakan'ın hareketiyle (çünkü onu yırtmış olabilirdi ve aslında bu, bir süreliğine kullanışlı ve etkin kalmış idealliktir)[70], kesinlikle, ancak tam bundan önce Kraliçe onu korumak ya da onu yeniden bulmak *[la garder ou la retrouver]* istediğinde: kendisini Kral'a bağlayan anlaşmanın bir eşi, tehdit eden bir eş olarak, ancak onun koruması altında *[sous sa garde]* "yeminli sadakat"e ihanet edemeyen bir eş olarak. Kraliçe, iki sözleşme üzerinde oynayabilmeyi ister. Burada, bu çözümlemeyi geliştiremeyiz; o, başka yerde okunacak.

Burada ifade edilmek istenen şey, mektubun yok edilemezliğinin bir anlamın idealliğine yükseltilmesiyle ilişkili olduğudur. İçeriği hakkında ne kadar az bilgiye sahip olsak da, içerik, aynı anda anlamlandırdığı ve bozduğu orijinal sözleşmeyle ilişki içinde olmalıdır. Ve onun uygunluğunu *[propriété]* biçimlendiren ve uygun yere giden uygun yolunu güvence altına alan bu bilgidir, bu hafızadır, bu (bilinçli ya da bilinçsiz) saklamadır. Nihaî içeriği iki "tekillik"i bağlayan bir anlaşmanın içeriği olduğundan dolayı, bir yerine-geçilemezlik ima eder ve kontrol edilemez tehdit ve anksiyete olarak bütün çifte simülakrları dışarıda tutar. Son tahlilde mektubun yok edi-

---

70 Yalnızca bir süreliğine: "maddesel," bölünebilir bir mektuba, parçalanmaya tâbi bir mektuba, etkin biçimde "tuhaf" bir mektuba geri dönemeyen Bakan'ın, yalnızca yok edilebilir bir belgenin kendisine sağlamış olabileceği Kraliçe üzerindeki egemenlikten feragat etmek zorunda kaldığı ana kadar.

lemez ve unutulamaz tekilliğini, asla kaybolmayan, yolunu şaşırmayan ve bölünmeyen bir gösterenin oluşumunu güvence altına alan, yaşayan ve mevcut sözün etkisidir. Özne çok bölünür, ancak fallus kesilmeyecektir. Parçalanma, ona ilişkin olmayan bir ilinektir. En azından Simgesel tarafından yapılandırılan kesinliğe göre. Ve bölünmeye karşı bir ideal felsefe geliştiren kastrasyon varsayımı üzerine bir söylemle.[71]

İlkece bu, gösterenin mantığının, mektubun sesmerkezli bir yorumuyla dillendirilme tarzıdır. Ayrıca hakikatin iki değeri (örtünün uygunlaşması ve hareketi), sözden, mevcut yaşayan otantik konuşmadan ayrılamaz. Her şey söylendiğinde ve yapıldığında son söz, kökende ya da sonda (uygun yol, döngüsel varılacak yer), taklit edilmeyen bir sözcüğün, bütün düşünülebilir kurgusal karmaşıklıklarla aldatmayan ya da sihrin hakikatini bize yine öğreterek bu noktada gerçekten aldatan bir anlamın olmasıdır. Bu noktada hakikat, analistin kurgusal karakterleri gerçek olarak ele almasına ve hakikat üzerine Heideggerci düşünümün derinliğinde, zaman zaman Freud'u (Heidegger ve Lacan'dan daha naif, ama daha emin biçimde) tereddüdünü itiraf etmeye sevkeden edebî metin sorununu çözmesine olanak tanır. Ve biz hâlâ yalnızca karakterle-

---

71 Burada analizini yaptığımız şey, günümüz psikanalizinin en katı felsefesidir, şüphesiz Freud'un felsefesinden daha katı olan ve felsefe tarihiyle mübadelesinde daha titiz olan en katı Freudcu felsefe.

Mektubun bölünemezliği ya da parçalanmaya açık olmayan mektubun kendine-özdeşliği ("Bir mektubu küçük parçalara ayırın, o, mektubun kendisi olarak kalır") hakkındaki ya da bölünme kaldırmayan "gösterenin maddeselliği" (mektup) adı verilen şey hakkındaki önermenin anlamını abartmak olanaksızdır. Bu nereden kaynaklanır? Parçalanmış bir mektup, bütünüyle ve basitçe yok edilebilir, bu gerçekleşir (ve eğer burada mektup olarak adlandırılan bilinçdışı etkinin asla kaybolmadığı, bastırmanın her şeyi koruduğu ve bir direnme azaltımına asla olanak tanımadığı düşünülürse, bu hipotezin –hiçbir şey asla kaybolmaz ya da yolunu şaşırmaz– yine *Haz İlkesinin Ötesinde* ile aynı sıraya konulması gerekir ya da ister karakterler olsun ister mesajlar, başka mektupların üretilmesi gerekir.

re ilişkin bir edebiyatla ilgileniyoruz! Önce "Seminer"den alıntılayalım. Şüphe, Baudelaire'in söylediği gibi, muhtemelen yazarın amacının, artık farkına varılmış olan hakikati bildirmek olmadığı yönündedir. Yine de bu, her zaman hoş zaman geçirmek anlamına gelmez. Böylece "Şüphesiz Poe, hoş vakit geçiriyor...

"Ancak içimizde bir şüphe doğar: bu bilgelik gösterisi, bize dramamızın anahtar sözcüklerini gösterme amacına yönlendirilemez mi? Sihirbaz, bu kez sırrını açığa vurma konusunda bizi aldatmadan, biz bir şey görmeden onu bize gerçekten açıklayacağına bahse girerek, gözlerimizin önünde hilesini yinelemiyor mu? İllüzyonistin sanatının doruk noktası *bu* olacaktır: *bizi gerçekten kandıracak* kurgusal yaratılarından biri aracılığıyla. Ve herhangi bir kasıt olmaksızın, bir takım imgesel kahramanlara gerçek karakterlermiş gibi göndermede bulunmamızı haklılaştıran, bu tür etkiler değil midir?

"Ayrıca, Martin Heidegger'in *aletheia* sözcüğü içinde bize hakikat oyununu açma tarzını işitmeye başladığımızda, hakikatin, kendi sevenlerini daima ortak ettiği ve onların, bu gizlenişte hakikatin kendisini *en gerçek şekilde* sunduğunu öğrendikleri bir sırrı yeniden keşfederiz" (S., s. 50-51).

Çok derin etkiler, burada şiddetle kontrol edilir, bilimsel olarak kınanamaz bir ihtiyat: bu, bilimin ya da en azından ideal bilimin kendisidir ve hatta hakikat biliminin hakikatidir. Biraz önce alıntıladığım ifadelerden, hakikatin bir kurgu olduğu değil, ancak kurgu aracılığıyla hakikatin kendisini uygun biçimde beyan ettiği sonucu çıkar. Kurgu, hakikati açığa çıkarır: kaçınma aracılığıyla kendisini betimleyen açığa çıkma. *Dichtung* (şiirsel deyiş ya da kurgu, bu hem Goethe'nin hem de Freud'un ifadesidir: Heidegger için de olduğu gibi, mesele, *Dichtung* olarak bir edebî kurgu meselesidir) hakikatin açığa çıkmasıdır, onun beyan edilmiş olmasıdır: "bu *Dichtung* ve çıplaklığıyla Wahrheit arasında o kadar az karşıtlık vardır ki, daha çok şiirsel işlemin olgusu, bizi, hakikatin kendisini bir kurgu yapısı içinde beyan etmesine ilişkin gerçekten unutulmuş karakteristiğin önünde duraksatmalıdır."[72] Hakikat, açığa çıkışının kurgusal unsurunu yönetir. Bu, onun olduğu şey olmasına ya da olduğu şey haline gelmesine ya da kendisini beyan etmesine olanak tanır. Hakikat, bu unsuru kökeninden ya da telos'undan itibaren yönetir. Sonuç olarak bu, bu edebî kurgu kavramını, çok klasik bir *mimesis* yorumuyla koordine eder. Hakikate, gerçekliktekinden çok, kurgusal temsildeki hakikate, arttırılmış sadakate, "üstün realizm"e doğru bir dolambaçlı yol. Önceki alıntı, bir kaydı davet ediyordu: "Öznemiz için bu hatırlatmanın uygunluğu, eğer gerek görülürse, Delay'in eserlerinin bize sunduğu sayısız yayınlanmamış metinden onları en uygun biçimde aydınlatan biri tarafından, yeterli biçimde onaylanır. İşte Gide'in 1894 Ekim'inde bulunduğu la Brevine'den olduğu söylenen *Yayınlanmamış Günlükler*'den *[Unpublished Journal]* bir kayıt (2. cildinin 667. sayfasından).

"'Roman, gerçeklikten başka bir şeyi –doğrudan duygu ve düşünceyi– resimleyebileceğini ispatlayacaktır; *şeylerin deneyiminden önce* onun bir sanat eseri olduğunun hangi oranda çıkarsanabileceğini –yani hangi oranda oluşturulabileceğini– gösterecektir. Tamamıyla kendine ait unsurlardan oluşan, önemsiz ve olumsal olguların realizminden değil, üstün realizmden oluşan bir sanat eseri olabileceğini gösterecektir.'" Bunu, matematiksel üçgene bir gönderme izler ve sonra: "'bir eserin her parçasının onlarla ilişki içinde bir diğer parçanın hakikatini kanıtlaması zorunludur, başka bir kanıta gerek yoktur. Hiçbir şey, M. De Goncourt'un öne sürdüğü her şey için sağladığı tanıklıktan daha rahatsız edici değildir- gördü! duydu! sanki gerçek olan aracılığıyla kanıt zorunluymuş gibi.'" Lacan, şu sonuca varır:

72 Ecrits (F), s. 742.

"Hiçbir şairin farklı şekilde düşünmediği ... ancak hiç kimsenin bu düşünceyi sonuna kadar aynen sürdürmediği söylenmelidir." Ve aynı makalede "kurgu hakikati"ni "taşıyan"ın bir "kişi" olduğu onaylanır. Bu kişi, "genç oğlan"ın "ayartıcı kadın"ıdır.[73]

Bütün felsefi geleneğin yaptığı gibi, hakikat ve gerçeklik arasında ayrım yapılır yapılmaz, hemen hakikatin "kendisini bir kurgu yapısında beyan etmesi"[74] sonucu çıkar. Lacan, bir paradoks olarak genişlettiği hakikat/gerçeklik karşıtlığında çok ısrar eder. Olabildiğince ortodoks olan bu karşıtlık, hakikatin kurgudan geçişini kolaylaştırır: sağduyu her zaman gerçeklik ve kurgu arasındaki ayırımı sağlamış olacaktır.

Ancak bir kez daha söz neden kurgunun, doğrulanmış kurgunun, Gide'in "üstün realizm" adını verdiği şeyin tarzı ya da yapısında kurgu *olarak* beyan edilen bu hakikatin ayrıcalıklı unsuru olacaktır?

Hakikat, uygunlaşma (orijinal bir sözleşmeyle: bir borçtan kurtulma) olarak ve (ayrılan şeyi simgesel olarak yeniden-temellük etmek için sözleşmenin kendisinden hareketle aktedildiği eksikliğin) örtü(sü)nün kaldırılması olarak belirlenir belirlenmez, yönlendirici değer açıkça uyumluluğun ve bu yüzden yakınlığın, mevcudiyetin ve korumanın *[garde]* değeridir: sözün idealleştirici etkisiyle sağlanan değerin kendisi. Eğer bu tanıtlama yerine getirilirse, kendisini onaylanmış bulmak şaşırtıcı olmayacaktır. Eğer yerine getirilmezse, o zaman Lacancı söylemde hakikat ve "mevcut," "dolu" ve "otantik" sözün muazzam ortak iması nasıl açıklanacaktır? Ve eğer bu hesaba

73 *Ecrits* (F), s. 753.

74 Örneğin: "Bu yüzden o, hakikatin kendi güvencesini aldığı Gerçeklik'ten başka yerden kaynaklanır: o, sözden *(la Parole)* kaynaklanır. Kendisini bir kurgu yapısında kuran işareti aldığı sözden kaynaklanması gibi.

"İlk söz *(le dit premier)* buyurur, yasa yapar, aforizmalar üretir, kâhindir, gerçek ötekine kendi muğlak otoritesini ihsan eder." *Ecrits* (F), s. 808.

katılırsa, şunlar daha iyi anlaşılır: 1. Lacan'a göre, söylenmiş bir şey olarak ve bu yüzden gerçek olmayan bir şey olarak kurguya hakikat tarafından nüfuz edilmesi. 2. Bunun, metinde konuşmanın, konuşulan sözün *[le dit]* ve anlama [vouloir-dire] indirgenemez kalan her şeyin, artık göz önüne alınmamasına yol açması: yani indirgenemez kayıtsızlık, telafisi olmayan hırsızlık, yok edilebilirlik, bölünebilirlik, varılacak yere varmada başarısızlık *(le manque à destination)* (bu, kesinlikle eksikliğin varacağı yere *[la destination du manque]* isyan eder: bir doğrulanamayan hakikat-olmayan).

Lacan'ın, "bir nesneye, yani hakikate sahip olan örtüyü kaldırma tutkusu"nu[75] ve analistin her şeyden önce hakikatin efendisi olduğunu hatırlatması, daima hakikati sözün gücüne bağlamak içindir. Ve iki mevcut şey arasında bir sözleşme (yeminli sadakat) olarak iletişim gücüne. İletişim, hiçbir şey iletmese bile, kendisini iletir: ve bu durumda daha da iyisi iletişim olarak, yani hakikat olarak iletir. Örneğin: "iletişim, hiçbir şey iletmese bile, söylem onun varlığını temsil eder; kanıtı reddetse bile, sözün hakikati kurduğunu olumlar; aldatma amacı gütse bile, söylem, tanıklıkla sadakat üzerine spekülasyon yapar.[76]

---

75 "Bu incelemede onun yerini tespit etmek için Descartes'a ve Hegel'e kardeşçe sevgiyle göndermede bulunduğumu işittiniz. Bu günlerde, klasik filozofları aşmak oldukça modadır. Aynı şekilde çıkış noktam olarak Parmenides'le hayranlık uyandıran diyalogu alabilirdim, çünkü tek bir nesneye, yani hakikate sahip olan örtüyü kaldırma tutkusuyla ilgili incelemelerini yönlendirdikleri ölçüde, ne Sokrates ne Descartes ne Marx ne Freud 'aşılabilir.'

"Bunlardan, fiilin prenslerinden birinin ve parmaklarının arasından Ego'nun maskelerinin ipleri kayar görünen birinin yazdığı gibi –şair aziz ve romancı Max Jacob'ı anıyorum– evet, yanılmıyorsam *Dice Cup*'ında yazdığı gibi: doğru olan her zaman yenidir" *Ecrits* (F), s. 193. Bu doğrudur, daima. Bu nasıl kabul edilmez.

76 "Öznenin psikanalitik kavranışında boş ve dolu söz" Roma Bildirisi içinde *(Function and Field of Speech...) Ecrits* (E), s. 43. (İng. çev. n.).

Ne doğru ne de yanlış olan şey, gerçekliktir. Ancak söz başlatılır başlatılmaz, hakikatin uygunlaşmayla *[propriété]* sözleşmesinin olduğu gibi, onun örtüsünün kaldırılmasının kaydına yerleşilir: mevcudiyet, söz, tanıklık: "geçmişin histerik ifşasının muğlaklığı, içeriğinin İmgesel ve gerçek arasındaki tereddüdüne çok fazla bağlı değildir, çünkü o, her ikisine yerleştirilir. Ne de bu, yalanlardan oluşturulduğu içindir. Bunun nedeni, bize hakikatin söz içinde doğuşunu sunması ve böylelikle bizi, ne doğru ne de yanlış olan şeyin gerçekliğiyle karşı karşıya bırakmasıdır. Ne olursa olsun bu, sorunun en rahatsız edici yönüdür.

"Mevcut gerçeklik içinde bu ifşanın hakikatine tanıklık yapan ve onu bu gerçeklik adına temellendiren mevcut sözdür. Yine de, bu gerçeklikte yalnızca söz, geçmişin güçlerinin, olayın kendi seçimini yaptığı her dönüm noktasında bir kenara itilen parçasına tanıklık eder."[77] Tam bu pasajdan önce, Heidegger'e bir gönderme vardır, bu şaşırtıcı değildir; bu gönderme, Dasein'ı özne içinde yeniden konumlandırır, daha da fazlasını yapar.

"Mevcut söz," doğru ya da yanlış olanın ötesinde, verili bir içerikle ilişkileri içinde verili bir ifadede ya da semptomda doğru olan ya da yalan söyleyen şeyin ötesinde "bu ifşanın hakikatine" "tanıklık eder" etmez, uygunlaşma ya da örtüyü kaldırma değerleri, doğrulamalarını ya da kazanımlarını bir nesnenin dışından beklemek zorunda da kalmazlar. Birbirlerini doğaları gereği güvence altına alırlar. Burada kastedilen şey, her şeyin (doğru ya da yanlış) iletilmesi değil, ancak hakikate tanıklık eden sözün iletişiminde üretilen "iletişimin varlığı"dır, mevcut ifşadır. Buradan, otantiklik, doluluk, uygunluk vb. değerleriyle zorunlu aktarım çıkar. Böylelikle yeniden bulunması [retrouvé] gereken şey olan hakikat, öznenin ötesinde bir nesne değildir, sözün bir nesneye uygunlaşması değil-

77 Ecrits (E), s. 47. (İng. çev. n.).

dir[78], ancak dolu sözün kendisine uygunlaşmasıdır, kendine

78 "Doğru söz," yeminli ya da bahşedilmiş sadakatle öteki tarafından sahihleştirilmiş sözdür. Öteki, mesajı ters çevrilmiş biçimde geri göndererek, onu doğru kılarak, böylece özneyi kendisiyle özdeşleştirerek, "onun aynı olduğunu ifade" ederek, sözü –artık nesneye değil– kendisine uygun kılar. Uygunlaşma –sahihleşme olarak– öznelerarasılığı kabul etmek zorundadır. Söz, "bu yüzden bir edimdir ve bu sıfatla bir özneyi varsayar. Ancak bu edimde öznenin başka bir özneyi varsaydığını söylemek yeterli değildir; çünkü özne öteki olarak bu edim içinde bulunmaktan çok, bir öznenin, ötekiyle, yukarıda gösterildiği üzere, sayesinde öznenin kendisine özdeş olabilmek için ötekine dayandığı ötekiyle bu paradoksal birliği içinde kurulur.

"Bu yüzden sözün, yalnızca içinde ötekinin mesajını doğru kılmasını beklemek için öznenin mesajı ters çevrilmiş biçimde yansıtacağı bir iletişim olarak değil, aynı zamanda bu mesajın, onun aynı olduğunu ifade ederek özneyi dönüştürdüğü bir iletişim olarak da kendisini açığa vurduğu söylenebilir. 'Sen benim karımsın' ya da 'Sen benim efendimsin" gibi beyanların, 'Ben senin kocanım', 'Ben senin izinden gidenim' ifadelerine işaret ettiği her verili vaatte açık olduğu üzere.

"Bu yüzden söz, daha da doğru söz olarak görünür; çünkü onun hakikati, şeye uygunlaşma adı verilenin içinde daha az kurulur: doğru söz, böylelikle paradoksal olarak doğru söyleme karşıttır. Bunların hakikati, şu olguyla ayırt edilir: doğru söz, öznelerin kendi Varlıkları'nı tanımalarını oluşturur, çünkü öznelerin, kendi Varlıkları'na ilgileri [inter-est] vardır; oysa doğru söylem, öznenin onu nesnelerde amaçladığı ölçüde gerçek olanın bilgisiyle oluşturulur. Ancak burada ayırt edilen hakikatlerin her biri, ötekiyle kendi yolunda kesişerek değişir." *Ecrits* (F), s. 351 *(Variantes de la cure-type)*. Bu kesişmede "doğru söz" daima "doğru söylem"den daha doğru görünür. Bu, daima doğru söz düzenini, öznelerarası sözleşme düzenini, simgesel mübadelenin ve bu yüzden borcun düzenini önvarsayar. "Ancak doğru söz, işaret ettiği şey hakkında doğru söylemi sorgularken, anlamlandırmanın daima anlamlandırmaya gönderme yaptığını bulacaktır; orada bir gösterge ile olandan başka türlü gösterilebilen hiçbir şey yoktur ve bu yüzden doğru söylemin hata yapmaya yazgılı olduğunu gösterecektir." *Ecrits* (F), s. 352. Böylelikle doğru söz olarak hakikatin nihaî uygunlaşması, hesabı kapatma *(l'acquittement)*, "söz öznesi olarak öznenin sorumlu olduğu simgesel borçta kendi karşılığını bulan ... garip uygunlaşma" biçimine sahiptir. *Ecrits* (E), s. 144. Bunlar, "Freudcu Şey"in son sözleridir. Bu yüzden şeye uygunlaşma (doğru söylem), temeline, sözün kendisine (doğru söz), yani şeyin kendisine uygunlaşmasında sahiptir: başka bir deyişle, Freudcu şeyin kendisine uyait otantikliğidir, eyleminin kökensel özüne uygunluğudur. Ve bu *Eigentlichkeit*'ın telos'u, bu otantikliği amaçlayan uygun-olan, çözümlemenin, özellikle eğitici çözümlemenin "otantik yol"unu gösterir. "Ancak aslında sözünün boşluğunun ötesinde özneden kaynaklanan bu başvuru neydi? Bu, bizzat hakikat ilkesine, kendisiyle daha önemsiz gereksinimlerden kaynaklanan öteki başvuruların tereddütte kalacağı bir başvuruydu. Ancak her şeyden önce bu, boşluğun uygun başvurusuydu *[appel propre du vide]*..."[79]

Boşluğun uygun başvurusundan, dolu söz kazanımına, arzu (kastrasyon) varsayımı aracılığıyla dolu söz gerçekleştirimine –öyleyse bu ideal çözümleme sürecidir: "çözümlemede sözün işlevini, onun en az sonuç verici açısından, öznenin, kendisinin tıpatıp imgesi olsa bile, arzusunun varsayımıyla asla uygun olamayan birisi hakkında boşuna konuşuyor görün-

---

gunlaşmasında: "Şey, kendisinden söz eder" (*Ecrits* (E), s. 121) ve şöyle der: "Hakikat olan ben konuşuyorum." Şey, hakikattir: neden olarak, doğru söylem hem kendisinden hem de şeylerden sözeder. Bu önermeler, özellikle Roma Bildirisi'ne, *Variantes de la cure-type*'e ve aynı dönemin metinlerine göre, yazarının söylediklerinden daha az yenidir: "Bu hakikatin etkilerini, oldukça farklı bir noktada neden olarak tanıtacaktır ve –ilk aşaması bu etkilerin heterojenliğinin kendine özgü doğasının kavranması olarak görünen– nedensellik sürecinin bir revizyonunu empoze edecektir.[5]" *Ecrits* (E), s. 127. (Dipnot: "5. Bu yeniden yazılmış paragraf, o zamandan beri daha ayrıntılı incelediğim bir düşünce dizisinden önce gelir (1966)" *Ecrits* (E), s. 145.)

Bu yüzden (kendisine uygun, özüne uyan, son tahlilde onu yalnızca kendisine bağlayan bir borcun hesabının kapatılmasına yönlendirilmiş) "doğru söz," öznenin "kendisine özdeş hale gelmesine" izin veren sözleşmeye olanak tanır. Bu yüzden o, Kartezyen kesinliğin temelini yeniden-oluşturur: hakikatin kesinliğe, özneleşmeye (özne olarak varolanların Varlık'ının belirlenimi) ve öznelerarasılaşmaya (Descartes-Hegel-Husserl zinciri) dönüşümü. Bu zincir, *Ecrits*'de sürekli olarak, kesinlikle söylemek gerekirse kendisine alerjik olarak ve kendi üzerinde yıkıcı etkilere sahip olarak ortaya çıkacak olan Heideggerci hareketleri yakalar. Bu tür sorunları –Lacancı söylemin asla dillendirmediği en kesin sorunları– şimdilik bir kenara bırakalım

79 Ecrits (E), s. 40. (İng. çev. n.).

düğü boş söz açısından ele aldım ... Şimdi, psikanalitik deneyimin öteki ucuna –tarihine, argümantasyonuna, inceleme sürecine– dönersek, terapötik ilerlemenin indeksi ve kaynağı olarak anamnez değerinin, burada ve şimdiki çözümlemeye, histerik öznelerarasılığın saplantılı içöznelliğe, simgesel yorumun direnç çözümlemesine karşıt olacağını anlayacağız. Dolu sözün, burada başlayan gerçekleştirimi."[80]

Burada söz, kendisinin ötesinde, kendisinin konusu olacak bir şeyle dolu değildir: ancak bu yüzden, çok daha fazla ve çok daha uygun olarak kendisiyle, kendi mevcudiyetiyle, kendi özüyle doludur. Bu mevcudiyet, sözleşmede ve yeminli sadakatte olduğu gibi, yerine-geçilemez uygunluğu *[propriété]*, yabancılaştırılamaz tekilliği, yaşayan otantikliği –sistemini başka yerde kavradığımız pek çok değeri– gerektirir. Çift, yineleme, kayıt ve genel olarak mimeme [taklit], ima ettikleri bütün grafematik yapılarla birlikte bu sistemden dışlanır; hem doğrudan konuşma adına hem de otantik olmayan yabancılaşma olarak dışlanırlar. Örneğin: "Ancak kesinlikle yabancılaşmış bir biçim aracılığıyla kendisine geldiğinden dolayı, kendi kayıtlı söylemi, diyelim ki kendi doktorunun ağzından bir yeniden-aktarımı bile, psikanalitik konuşmayla aynı etkilere sahip olamaz.[81]

Kayıt ya da yinelemenin, yaşayan ve mevcut söz adına yetkesizleştirilmesi, iyi bilinen bir programla uyuşur. Ve sistem için zorunludur. "Doğru söz"ün, "edimdeki söz"ün sistemi, Platon'dan Freud adında birine uzanan, hypomnesis'in, hakikat adına, *mnÁmÁ'yi, anamnesis'i, aletheia*'yı vb. bağlayan hakikat adına mahkûm edilen hypomnesis'in simülakrumunun mahkûm edilişine gereksinim duyar.

Maddesellik, kaydın duyusal ve yinelemeli yönü, kağıt

80 Ecrits (E), s. 45-46. (İng. çev. n.).

81 Ecrits (E), s. 49. (İng. çev. n.).

mektup, mürekkeple yapılan çizgiler (otantik orijinallik zaten her zaman bunların içinde kaybolduğundan dolayı), bölünebilir ya da çoğaltılabilir, yok edilebilir ya da başıboş bırakılabilir. Lacan'cı anlamda bir yeminli sadakatin göstereninin ve simgesinin ve bu yüzden gerçek dolu ve mevcut bir sözün alanı olarak mektup, bizzat kendi niteliği olarak, kendisinin aslında "bölünme kabul etmeyen," "tekil," "tuhaf" niteliğine sahiptir.

Öyleyse "dolu söz" olarak "mevcut söz": "Ben, kategorik de olabilirim: bu, psikanalitik anamnezde, gerçekliğe ilişkin değil, hakikate ilişkin bir sorundur; çünkü dolu sözün etkisi, geçmiş olumsallıklara, öznenin onları mevcut kıldığı azıcık özgürlükle kurulmaları türünden yeni gereksinimleri yükleyerek, onları yeniden düzenleyecektir."82

Böylece bir metin, canlı ve etkinse, dolu ve otantikse, yalnızca taşıma görevine sahip olacağı söz sayesinde değer kazanacaktır. Ayrıca böylelikle, dolu metinler ve boş metinler olacaktır. Dolu metinler, bir dolu sözü, yani aynı anda sözünü ettiği şeyin örtüsünü kaldıran, ona uygun ya da onunla özdeş olan otantik olarak mevcut bir hakikati "taşırlar." Bu yüzden ("şey, kendinden söz eder"), kendisini oluşturan kuşatılmış boşluğa ve sözleşmeye geri dönüşünü sağladığı anda dolu söz, kendisidir. Örneğin, kendisine dönülmesi ve döndürülmesi de gereken (yukarıya bkz.) Freud'un metniyle ilgili olarak: o, iki boyutlu, (matematikçilerin söylediği gibi), kurulu bir söylemde yalnızca itibarî değere sahip son derece düz metinlerden biri değil, bir sözün aracı olan bir metindir; çünkü söz, hakikatin yeni bir ortaya çıkışını oluşturur. Mevcut, başlatıcı ve kurucu söz olarak bu tür bir metin, *Phaedrus*'ta kendi babası olan logos konusunda söylendiği gibi, eğer onu sorarsak, kendi kendisini yanıtlar. O, aynı anda sorular sorar ve yanıtlar verir.

---

82 Ecrits (E), s. 48. (İng. çev. n.).

"Yorumumuzun bütün kaynaklarını" harekete geçirme etkinliğimiz, yalnızca "bize sunduğu sorulara, onun [Freud'un metninin] yanıt vermesini sağlamak, söylememiz gerekirse, kendi terimlerimizi biliyorsak, kendi aktarım değeri içinde onu gerçek bir söz olarak ele almak" içindir. "Kendi terimlerimiz": bunu, soru soran ve yanıt veren söylemin, Freud'un söyleminin terimleri olarak ele alalım. "Elbette bu, onu yorumladığımızı varsayar." Aslında, bizzat kavranına ilkelerine aracı olan bir mesajın kavranmasına uygulanandan daha iyi bir eleştirel metot var mıdır? Bu, onun otantikliğinin deneyimlendiği en rasyonel tarzıdır.

"Aslında dolu söz, kendisinin hakkında konuştuğu şeyle özdeşliği tarafından tanımlanır."[83]

Yorumcunun dolu sözü, ötekinin –burada Freud'un– mesajının "kavranma ilkeleri"ni, bu mesaj bir "dolu söz"ü "taşıdığı" ölçüde varsayıp üstlendiğinde, kendisini doldurur. Başlatıcı olduğundan ve hakikatin yeni bir ortaya çıkışını oluşturduğundan dolayı dolu söz, yalnızca kendisiyle sözleşme yapar: o, kendisi aracılığıyla kendisinden söz eder. Bu, söz *sistemi* ya da hakikat *sistemi* adını verdiğimiz şeydir.

"Hermenötik döngü" kendi sisteminin kavramsal parçalarıyla birlikte daha kesin ve daha sadık biçimde tanımlanamaz. O, burada işaret ettiğimiz Platoncu, Hegelci ve Heideggerci geleneklerі içinde ve en felsefi sorumluluk anlamında bütün döngüleri içine alır:[84] borçlu olunan şeyden (görev ve borç) uygun biçimde kurtulma.

83 Ecrits (F), s. 381. (İng. çev. n.).

84 Bu sorumluluk, doğrudan doğruya gerçek biçimlendirici değeri içinde, "dolu söz"ün Freud'la mübadelesinden sonra ve bundan hareketle tanımlanır: "Çünkü söz konusu olan şey, insanın, ne düşünürse düşünsün, görüşü ne olursa olsun sorumluluğunu üstlendiği –ne isterse istesin kendisini yanıtlamaya davet edildiği– dolu sözü elinde tutma düzeyindeki uygunlaşmasından aşağı kalmaz." Ecrits (F), s. 382. "İnsanın düzeyi"yle ilgili ola-

Otantiklik –ideal çözümleme süreci için uygunlaşma ve döngüsel yeniden-temellük kutbu. Elbette bu, bize Amerika'dan geri gelen basit yeniden-ayarlama sorunu değildir. Her şeyden önce, bu tür bir hatadan korunulmalıdır [se garder]. Şunu vurgulamalıyız ki, elbette burada hiç kimse bu hatayı yapmıyor. Çok nadir bir şey olan istisnaî anlar için saklanan bu otantiklik, bir "ego"nun sözünü değil, ötekinin sözünü ve ötekinin sözüyle belirli bir ilişkiyi niteler. Buna erişim kazanmak için psikanalist, narsizmin ekranından, onu saf şeffaflık durumuna geri döndürerek geçmelidir: bu noktada o, "ötekinin otantik sözü" ile sözün ve hakikatin "yeminli sadakat"teki kökenini yine ele geçirme şansına sahiptir. O, kendi "açığa çıkarıcı yorumu"nu, doğru sözcükler olmasalar bile, "doğru sözler"in döngüsel ve yeniden-temellük edici zincirine dâhil etmelidir. Ancak Heideggerci *Eigentlichkeit* uğrakları gibi bu otantiklik uğrakları, varoluşta nadirdirler. Örneğin, "hakikatin temelini bulduğu söz"ün kendisiyle yeniden-kurulduğu "öznenin kötü niyeti"yle, kötü niyetin hâlâ tanıklık ettiği hakikatle ilgili olarak:

> Öyleyse, analistin ideal koşulu ortaya çıkacaksa, narsizmin seraplarının onun için şeffaf hale gelmesi, onun ötekinin otantik sözüne yayılabilmesi içindir ve şimdi sorun, analistin, onun söylemi aracılığıyla onu nasıl kavrayabileceğini anlamaktır.

---

rak, bu sistemde (burada birkaç tipik karakteristiğine işaret ettiğimiz) metafizik ve hümanizm arasındaki temel bağlantıyı doğrulamak için yeterli zamana sahip değiliz. Daha fazla düşünülmeyecekse, "hayvanlık" hakkında, hayvan ve insan dili arasındaki ayrım vb. hakkındaki ifadelerin kümeleşmesinde bu bağ, daha görünürdür. Hayvan üzerine bu söylem (genel olarak) sistemin bütün kategorileri ve karşıtlıklarıyla, bütün ikiye ya da üçe bölünmeleriyle uyumludur. Ve sistemin en büyük muğlaklığını yoğunlaştırmaktan geri kalmaz. Bir hiyerarşik karşıtlık aracılığıyla kendisini boyun eğer bulan her şeyin ele alınışında olduğu gibi, hayvanlığın ele alınışında, daima, (hümanist ve fallogosentrik) metafizik tarihinde obskürantist direnci açığa çıkarır. Bu, açıkça en büyük öneme sahiptir.

Aldatma ve hata söylemi olarak bile bu aracı söylem ["öznenin kötü niyeti"nin söylemi], elbette hakikatin temelini bulduğu sözün varlığına tanıklık etmede başarısız olmaz; çünkü o, yalnızca kendisini bu sıfatla önererek kendisini korur ve kendisini açıkça yalanın söylemi olarak üretişinde bile, yalnızca bu sözün varlığını daha güçlü biçimde olumlar. Ve yine hakikate bu fenomenolojik yaklaşım aracılığıyla, kaybı pozitivist mantıkçılığı anlamın anlamını arayışa sevkeden anahtar bulunursa, bu yaklaşım, eylemdeki sözde kendisini açığa çıkardığından dolayı, kendi içinde kavramın kavramını da fark etmeyecek mi?

Bununla beraber, öznenin hakikati içinde özneyi kuran bu söz, öznenin varoluşunun her ne kadar karmaşık biçimde de olsa sözü yeminli sadakat içinde kavramaya çalıştığı nadir anları dışında, sonsuza kadar özneye yasaklanmıştır; yasaklanmıştır çünkü aracı söylem özneyi onu yanlış yorumlamaya mahkûm eder. Yine de bu söz, öznenin Varlık'ında okunabildiği her yerde, yani özneyi biçimlendirdiği her düzeyde konuşur. Bu antinomi, Freud'un bilinçdışı nosyonuna verdiği anlamın kendi antinomisidir.

Ama yine de, bu söz erişilebilir ise, hiçbir doğru sözün yalnızca öznenin sözü olmamasından dolayıdır; çünkü bu söz, daima öznenin sözünü, işlem yaptığı ve böylelikle kavrama diyalektiğinin insan topluluğunda somut biçimde gerçekleştirildiği sözlerin sonsuz –kesinlikle belirsiz değil, çünkü yine kendisine kapanır– zincirine maruz kaldığı başka bir özne dolayımında temellendirmeye yöneliktir.

Bu, analistin, kendisini açığa çıkarıcı yorumunu yerleştirdiği doğru sözler zincirine açmak için kendi içinde aracı söylemi [kötü niyeti] bastırabildiği boyutta olur.

Çünkü analist, bir otantik yorumun kendi somut biçimi içinde düşünülebildiği her seferinde, kendisini görür...[85]

---

85 Ecrits (F), s. 352-353 *(Variantes de la cure-type)*. (İng. çev. n.).

Kısacası: otantik ve açığa vurucu bir yorum vardır ve bu yorum, öznelerarası diyalektiğin şeffaflığı içinde, aracı söylem olmaksızın "edimdeki söz"e ve yeminli (iyi) niyete[86] erişim kazanmak için kötü niyetin bastırılmasını varsayar. Bu yüzden, yalnızca Freud'un kastettiği anlamda bilinçdışı, nasıl okunacağı biliniyorsa konuşan bu söze kulaklarımızı açar.[87]

---

86 "İyi Niyet'in garantörü olan Öteki ile ilişki" hakkında, "öznelerarasılığın açığa vurulmuş mevcudiyeti" hakkında ve "analizin yalnızca bir düzeni onarmak için değil, aynı zamanda onu onarma olanağının koşullarını ortaya koymak için ilerlediği hatlar" hakkında bkz., *Agency of the Letter in the Unconscious (Ecrits* (E), s. 172-173), burada şunlar zaten anılmıştır: "Freud'un keşfinin insan için önerdiği erek, kendisi tarafından düşüncesinin doruğunda şu etkileyici terimlerle tanımlanmıştı: *Wo es war, soll Ich werden. Id*'in bulunmuş olduğu yerde, ben olmalıdır *(Là ou fut ça; il me faut advenir).*

"Bu erek, yeniden bütünleşme ve ahenk, hatta diyebilirim ki, uzlaşma ereğidir *(Versohnung)*" (s. 171).

87 Mevcudiyet (kişide), yakınlık, doluluk ve tutarlılık değerleri, "birinin söylemi"yle karşıtlık içinde analitik diyalogda otantiklik sistemini biçimlendirirler. Örneğin: "Freud burada bize aslında ne anlatıyor? O bize, hakikatin diyalogda her açığa çıkışını yapılandıran bir fenomeni açıyor. Öznenin karşılaştığı temel güçlük, söylemek zorunda olduğu şeyde yer alır. Freud'un baskılamada tanıtladığı şey olan en yaygın güçlük, yani toplumsal kökenin her sansürüyle belirlenen gösterenle gösterilen arasında bir tür uyumsuzluk."

Bastırmaya bağlı bu uyumsuzluk, muhtemelen Saussurecü göstergebilimin bir tashihini gerektirecektir; ancak bir yerde bu indirgenemez, bu yüzden özseldir. Bir dolambaçlı yol ya da geri dönüş anı için: bir koşul. Doğrudan sonuç olarak çıkan gelişme: "Bu durumda hakikat, daima hatlar arasında iletilebilir. Yani onu anlaşılır kılmak isteyen, hakikatin, kendisini açığa çıkaran simgelerle özdeşliği tarafından belirlenen tekniği, yani sansür tarafından yüklenen uyumsuzluklara kriptografik biçimde tekabül eden uyumsuzlukları bir metne kasıtlı olarak sokma yoluyla amaca ulaşmayı daima tekrarlayabilmelidir.

"Gerçek özne, yani bilinçdışının öznesi, deneyimimizin daima yenilenen tatmini için ona giderek tutarlı tarzda kendisini yöneltmeye başlamazsa, analist tarafından yeterli biçimde deşifre edilmeyen semptomlarının dili ara-

Yalnızca bir söz, edimdeki mevcudiyete ve otantik yaşama ilişkin kendi etkisiyle, onu ötekinin arzusuna bağlayan "yeminli sadakat"i koruyabilir. Eğer "fallus, logosun rolünün, arzunun ortaya çıkışıyla birleştirildiği bu işaretin ayrıcalıklı göstereni"[88] ise, bu ayrıcalıklı gösterenin ayrıcalıklı alanıysa, o zaman onun mektubu, sestir: sözcü olarak mektup, sözü-taşıyan-mektup. Mektup tek başına –gösterenin *point de capiton*'u

---

cılığından başka türlü ilerlemez. Aslında bu, aktarım fenomeni içinde kavranan şeydir.

"Her ne kadar söylemi boş olsa da, konuşan öznenin söylediği şey, etkisini, söyleminde semptomlarının ifade ettiği hakikati bütünüyle dönüştürebildiği sözden oluşan yakınlıktan alır ... öznenin sözünün dinleyicinin mevcudiyetine doğru dalgalanması imgesini kullandık.

(Dipnot: "Öğretimizin başlangıcından beri söz konusu olan şeyi ortaya koymak için kullandığımız formül, burada anlaşılacaktır. Söylediğimiz üzere özne, gerçekten sizinle konuşmadan kendisinden söz ederek ya da kendisi hakkında sizinle konuşmaksızın sizinle konuşarak analize başlar. Kendisi hakkında sizinle konuşabildiğinde analiz biter.")

"Öznenin bir Varlık açısından gerçekleştirebildiği en saf ilişki olan ve bu Varlık, özne için daha az uygun olduğundan bu sıfatla çok canlı biçimde hissedilen bu mevcudiyete; kesinlikle bu amaç için birinin söylemi olarak kurulduğu ölçüde ortak söylemde onu örten ve atlayan örtülerin en üst sınırına bir an için iade edilen bu mevcudiyete; size kendi deneyimimden bir örnekle gösterdiğim üzere, söylemde, çoğunlukla bir anksiyete anıyla gösterilen belirsiz bir düzenle işaret edilir." Ecrits (F), s. 372-373 *(Introduction au commentaire de Jean Hyppolite sur la "Verneinung" de Freud).*

Elbette bu, "Freud'un bize söylediği" şeydir: "En saf ilişki," "mevcudiyet," bir "Varlık"la ilişkidir ve bu "Varlık" (özne-varlık) "daha az uygun," yani açıkça daha çok belirlenimsiz olduğundan, fazlasıyla "canlı biçimde" hissedilir. Varlık'ın mevcudiyeti, ontik belirlenim daha az olduğundan, fazlasıyla saftır. Bu, "belirli an"ın ötesinde, yalnızca ayrıcalıklı bir an için ve bir "anksiyete" durumunda gerçekleşir. Varlık'ın (burada özne-varlık-psikanalistin) belirlenimsizliği, mevcudiyet hakikati olarak hiçliğin, (bütünlüklü varlık-olmayanın) örtüsünü kaldırır. "Freud'un bize söylediği" şey, tamı tamına *Metafizik Nedir?*'dir.

88 *Ecrits* (E), s. 287 ("The Signification of Phallus").

[kapitone noktası] onun yinelenebilir özdeşliğini güvence altına alır almaz– fallusun, ortaya çıkardığı ayrıcalıklı gösterenin bölünemez, tekil, yaşayan, parçalanabilir-olmayan bütünlüğünü koruyabilen (herhalükârda bu kastettiği şeydir) zorunlu idealliği ya da idealleştirme gücünü taşır. Böylelikle fallusun (olanaklı kılarken ait olduğu gösterenler zincirindeki) *aşkın* konumu[89], dilin fonematik yapısında kendine ait yere –Lacancı açıdan onun bütün parçalanmalardan muaf mektubuna– sahip olur. Üstdilin bu fallogosentrik aşkıncılığa karşıt olduğuna hiçbir itiraz yok. Özellikle de eğer üstdil içindeyse

---

89 Aşkın konumun tam belirlenimi şudur: bir terimin, olanaklı kıldığı ve kendisini önvarsayan bir terimler dizisi içindeki ayrıcalığı. Böylece bir kategori "her cinsi aştığı" *(transcendit omne genus)*, yani hesaba katarken yine de bir parçası olduğu kategoriler listesini aştığı zaman aşkın (transkategorik) olarak adlandırılır. Bu, fallusun gösterenin mantığındaki rolüdür. Bu yüzden bu, ayrıca boşluğun ve eksikliğin, kendi belirlenebilir sınırlarında rolüdür de: "Freud'un ayrıcalıklı gösterenini bizim için açığa çıkardığı: ... annesinin fallusu için, yani yüksek manque à être için, olması-istenen-şey için ..." *Ecrits* (E), s. 170 *("The Agency of the Letter in the Unconscious")*. Bu yüzden bu ayrıcalığın aşkın yüksekliği, doruk noktasında, çocuğun –ya da daha doğrusu, küçük çocuğun ve onun cinsel teorisinin– korkunç kavrayışı bakış açısından perspektife yerleştirilir.

Her gösterende, "gösterenlerin göstereni"nin *("The Direction of the Treatment," Ecrits* (E), s. 265), "paralel olmayan gösterenin" *(a. g. e., s.* 277), bir olanak koşulunun bu hazırlığı ve nazırlığı, bu kalıcı iması, kendi mevcudiyet unsuru olarak yalnızca bir ideallik ortamına sahip olabilir: böylelikle etkisi mevcudiyeti yani sesi korumak olan aşkın yüksekliğin yüksekliği. Bu, Freudcu fallosentrizmin temelde fonosentrik Saussurecü göstergebilimsel dilbilimle bütünleşmesini, bazı düzeltmeler karşılığında zorunlu ve olanaklı kılan şeydir. "Algoritmik" dönüşüm, bana, bu bağı söker görünmüyor. İşte aşkın fallusun, bütün anti-aşkıncılık (bkz., Ecrits (F), s. 365) itirazlarının bir olumsuzlama değerine sahip olması açısından en uygun tanımı: "Çünkü fallus bir gösterendir, analizin içöznel ekonomisinde işlevi, muhtemelen sırlarda gerçekleştirdiği işlevden örtüyü kaldırmak olan bir gösterendir. Çünkü o, bir bütün olarak gösterilenin etkilerini belirlemek için tasarlanmış gösterendir; çünkü bu gösteren, bir gösteren olarak mevcudiyetiyle onları koşullandırır." *Ecrits* (E), s. 185 *("The Signification of the Phallus")*.

dil, sese, yani fallusun ideal alanına merkezlenir. Eğer bir talihsizlikle fallus ayrılabilir ya da bir parça-nesne statüsüne indirgenirse,[90] bütün görkemli yapı çöker ve bundan her paha-

90 Gösterenin (ve her şeyden önce "ayrıcalıklı," "paralel olmayan" gösterenin, fallusun) kendi yerinde, kendi mektubunda "parçalanmayı kabul" etmeyeceğini gördük. Ve onun (ayrı, ama yakınsak bir talep) artık diğerleri gibi ikameler zincirine bağlı olan parça-nesne olarak ele alınmayacağını da gördük. Bu, Lacan'ın cinsellik teorisinde en açık kriter değilse de, eksensel taleptir, en ısrarlı savunmadır. Bunun, fallosentrizm ve kadın cinselliği üzerine "tartışma"da Jones'a yöneltilen itirazı harekete geçiren şey olması anlamlıdır. Psikanalizden "sapmalar"dan biri, fallusu "parça-nesne rolü"ne "indirgemek"ten oluşur. Bu "derin gizemleştirme" (*Ecrits* (E), s. 198), Jones'u, yalnızca kendisini bir diğer şüpheli vâristen, bu kez Klein'dan ve onun tereddütlü" eserinden (*Ecrits* (E), s. 197), onun "kesinlik eksikliği"nden (*Ecrits* (F), s. 778) ayıramadığı ölçüde, "feministler"in tarafına gönderir. "Analitik olarak düşünülemeyen"i dışlamak için bütün bunlar ("ancak ... ancak ..."), Freud'un, "mucidi olduğu bilinçdışı fenomenler düzenini kavrayışına herkesten daha iyi yönlendirildiği" (*Ecrits* (E), s. 184) göz önünde tutulursa, yanlış anlaşılamayacak olan iyi niyeti ile sınırlanan analitik olarak düşünülebilen. Bu yüzden: bu şema [R şeması], (Melanie Klein'ın tereddütlü ancak yönlendirilmiş eserinde yeterince açık olduğu şekliyle) kesinlikle varolmayan değil, ancak analitik olarak düşünülemeyen pre-Oedipal aşamalara değil, Oedipus karmaşasına ilişkin karşı-eylemde düzenlendikleri kadarıyla pre-genital aşamalara göndermede bulunan ilişkileri göstermemize olanak tanır." ("On the Possible Treatment of Psychosis" *Ecrits* (E), s. 197; çeviri değiştirilmiştir.) "Eğer fallusun mevcudiyetine, annenin bedeninde içsel bir nesne olarak başvurmak zorundaysa, aslında bir parça-nesne olarak fallusun işlevini normalleştirmede ne kazanmıştır ve eğer o, Melanie Klein'ın, bu fantezilerin Oedipal oluşum sırasında, ilk çocukluk kadar geride ortaya çıktığı görüşünden kendisini ayıramıyorsa, hangi terim Klein tarafından açığa çıkarılan fantezilerin bir işlevidir?

"Freud'un konumunun açık paradoksunu kendisi için neyin zorunlu kılmış olabileceğini sorarak, soruyu yeniden incelemek iyi bir fikir olabilir. Çünkü mucidi olduğu bilinçdışı fenomenler düzenini kavrayışına herkesten daha iyi *yönlendirildiği* ve bu fenomenlerin doğasının uygun bir dillendiriminde başarısız olan takipçilerinin az çok yollarını kaybetmeye mahkûm oldukları kabul edilmelidir.

"Freud'un eserlerine ilişkin, son yedi yıldır izlediğim bir yorum ilkesi

sına kaçınılmalıdır. Bu, eğer ortaya çıkışı, meydana gelişi, fonematik bir mektup idealliğine ("Seminer"in, yanmış ya da yırtılmış kağıt olarak varlığını sürdürmesine ve kendisinin ikiye bölünmesine izin vermeyerek devam etmesi örneğinde, tuhaf bir biçimde "gösterenin maddeselliği" olarak adlandırdığı şeye) sahip değilse, daima gerçekleşebilir *[arriver]*. Bu, daima *gerçekleşir [arrive]*, ancak ses bu garip olay hakkında bizi aldatmak için ve eksik ya da bölünebilir nesne konumuna düşen şeyin ideal koruyuculuğunu *[garde]* bize bırakmak için oradadır: yayılabilen bir parça.

Sihir –ancak bu sözcük artık yeterli değildir– İmgeselden değil, İmgeselle Simgesel arasındaki sözde sınırdan kaynaklanır. Sonuç: izlenecek kalıntılar.

Bu yüzden –eğer artık tanıtlanmış olarak alınırsa–idealleştirme, *relève (Aufhebung)* ve ses arasındaki sistematik ve tarihsel bağ, "Fallusun Anlamı"nda ["The Signification of the Phallus"] sürekli yinelenir. Gösteren işlevine yükseltme, "gösterilebilir" olanın bir *Aufhebung*'udur (s. 288): bu yüzden bu, "ayrıcalıklı gösteren"in (fallusun) ve onun sahih par excellence yerinin (ses) ayrıcalıklı bir tarzında doğrudur. Buradan, örtü

---

olarak ortaya koyduğum aşağıdaki bahisten hareketle belirli sonuçlara yönlendirildim: temelde, modern dilbilimsel analizde, analitik fenomenlerin dillendiriminde zorunlu biçimde gösterilen nosyonuna karşıt olarak gösteren nosyonunun yürürlüğe konulması." ("The Signification of the Phallus," *Ecrits* (E), s. 284-285. İtalikler bana ait; *yönlendirileni* izleyin).

"O zamandan beri, her katkıyı sert eleştirisiyle incitir görünen Jones'un Viyana Topluluğu'na hitabında, yalnızca ve yalnızca Kleinci kavramlarla, yazarının onları sunduğu kusursuz sertlikte dayanışmasından başka hiçbir şeyi zaten üretmediğini belirtmemiz gerekir: yani Melanie Klein'ın kendisini –en orijinal Oedipal fantezileri, anacıl bedene dâhil ederek– Baba'nın-İsmi tarafından ima edilen gerçeklikteki kökenlerinden uzak tuttuğu kesinlik eksikliğinde Kleincı kavramlarla dayanışmasından başka hiçbir şeyi." (*Propos directifs pour un Congrès sur la sexualité féminine, Ecrits* (F), s. 728-729).

motifleriyle ses arasında, hakikat ve fonosentrizm arasında, fallosentrizm ve logosentrizm arasında açığa çıkarılan yapısal işbirliği, şu şekildedir: "Bütün bu önermeler, yalnızca onun, ancak bir gösterilebilenin aktedildiği gizli varoluşun bir göstergesi olarak örtüldüğünde, gösterenin işlevine yükseltildiğinde *(aufgehoben)* rolünü oynayabileceği gerçeğini örterler.

"Fallus, bizzat bu *Aufhebung*'un gösterenidir, kendi yokoluşuyla onu açar (başlatır)."[91]

Hegelci *Aufhebung* hareketinin burada tersine çevrildiği görünür; çünkü Hegelci *Aufhebung*, duyusal göstereni ideal gösterilene yükseltir *[relève]*. Ancak Lacan, sözel dile (önbilince, yani Freud'a göre bilinç olana) fallusun (ayrıcalıklı gösterenin) en uygun yerel koruyuculuğunu *[garde]* bahşettiğinden dolayı, sesin üstünlüğü ters çevrimi fesheder. Sesin üstünlüğü, iki diyalektik için ortaktır ve göstereni idealleştirir.

Aynı şey, daima (aynı yerde) gerçekleşir. Yine mesele, söz konusu uygun yeri terketmeme meselesidir.

Fallogosentrizm, bir şeydir. Ve erkek adı verilen şey ve kadın adı verilen şey buna tâbi olabilir. Bize hatırlatıldığı gibi, burada daha fazlası vardır, fallus ne bir fantezidir ("bir imgesel etki"), ne de bir ("parça-, içsel, iyi, kötü vb.") nesnedir ve "simgeleştirdiği organ, penis ya da klitoris bile değil"dir.[92] Bu yüzden androsentrizm başka bir şey olabilir.

Ama ne oluyor? Fallogosentrizme ilişkin her şey, fallusun, ona sahip olmaması ölçüsünde annenin arzusu olduğu belirli bir *durum*dan (bu söze bütün anlamlarını verelim) hareketle dillendirilir.[93] Bir (bireysel, algısal, yerel, kültürel, tarihsel

---

91 *Ecrits* (E), s. 288. (İng. çev. n.).

92 Ecrits (E), s. 285. (İng. çev. n.).

93 "... aslında kastrasyonun anlamı, semptomların oluşumuyla ilgilenildiği ölçüde, yalnızca annenin kastrasyonu olarak" yani annenin bir klitoris değil, penis eksikliği olarak "keşfinden hareketle, *(klinik olarak açığa*

çıkan) bütün önemini kazanır." (*Ecrits* (E), s. 282). "Fallusun bir gösteren olması gerçeği, onun, öznenin erişime sahip olduğu Öteki'nin yerinde olduğu anlamına gelir. Ancak bu gösteren, yalnızca Öteki'nin arzusunun oranı olarak örtüldüğünden, öznenin kavramak zorunda olduğu şey bu sıfatla Öteki'nin bu arzusudur ... Eğer annenin arzusu fallussa, çocuk o arzuyu tatmin etmek için fallus olmak ister ... *Klinik deneyim bize göstermiştir ki,* Öteki'nin arzusuna ilişkin bu test, eril öznenin onunla gerçek bir fallusa sahip olup olmadığını öğrenmesi anlamında değil, annenin ona sahip olmadığını öğrenmesi anlamında belirleyicidir ... aslında erkek, kadınla ilişkisinde, fallusun göstereninde kadının sahip olmadığı şeyi aşkta vererek kadını kurduğu kadarıyla, aşk talebinin tatminini bulur..." *Ecrits* (E), s. 282-290 *ve çeşitli yerlerde.*

"*Klinik olarak açığa çıkan*" ve "*Klinik deneyim bize göstermiştir ki*" ifadelerini, bu ifadelerin hakikatine ilişkin en ufak bir şüphe olmaksızın italikleştirdim. Daha çok, XXXX.'daki bir psikanaliz durumunun bütün ilgilerini soruşturmak için.

"Sahip olmadığı şey" ... "ona asla sahip olmadığı için miras kalır": burada "Kadın" ve Kraliçe'nin söz konusu olduğunu hatırlayalım: mektubun uygun yolunu yönlendiren uygun yer, onun "varacağı yer," onun "kastettiği" şey, "klinik deneyimin bize gösterdiği" şeyi teorileştiren bir durumdan hareketle deşifre edilir. Bu *durum* (erkek çocuğun bir deneyim evresi ve mukabil cinsel teori üzerine kurulan teorik bir söylem ve bir kurum), hem Bonaparte'a hem de Lacan'a göre "Çalınan Mektup"un yorumunu destekler. Bu yorum, biraz önce belirtilen "tartışma" sırasında değerlendirilen önermelerde Freud tarafından sunulan betimlemeye sıkı bir biçimde tekabül eder ve burada mirasçıların bu betimlemeye hiçbir sadakatsizlikleri yoktur. Bir hatırlatma olarak: "... bu 'çocukluk dönemiyle ilgili genital düzenleme'nin ana karakteristiği, onun yetişkine ait nihaî genital düzenlemeden farkıdır. Gerçek şudur ki, her iki cinsiyet için yalnızca tek genital, yani erkeğinki hesaba katılır. Bu yüzden, mevcut olan şey, genitallerin üstünlüğü değil, *fallusun* üstünlüğüdür.

"Maalesef bu durumu yalnızca erkek çocuğu etkilediği şekliyle betimleyebiliriz; küçük kızdaki mukabil süreçler bizce bilinmiyor ... [Küçük erkek çocuklar], [bir penisin yokluğuna ilişkin] olguyu reddederler, herhalükârda bir penis gördüklerine inanırlar. Gözlem ve önyargı arasındaki karşıtlığı, kendilerine penisin hâlâ küçük olduğunu ve yakında daha büyük olacağını söyleyerek görmezden gelirler ve sonra yavaş yavaş her şeyden önce bütün penisin en azından önceden orada olduğu, daha sonra çalındığı yönündeki duygusal açıdan önemli sonuca ulaşırlar. Bir penisin eksikliği kastrasyonun bir sonucu olarak kabul edilir ve böylece artık çocuk, kendisiyle ilgili kastrasyonla uyuşma göreviyle yüzleşir. Daha sonraki gelişmeler de, genelde, onları burada özetlemeyi gerektirmeyecek kadar iyi bilinir. Ancak bana öyle geliyor ki, *kastrasyon karmaşasının önemi, yalnızca eğer fallik üstünlük evresindeki kökeni de hesaba katılırsa, doğru bir biçimde değerlendirilebilir* ... çocuğa ait genital düzenleme evresinde ... kadınlık değil, erkeklik vardır. Buradaki antitez, bir erkek genitale sahip olmakla iğdiş edilmek arasındadır." "The Infantile Genital Organization" (1923), SE 19, s. 142-145.

Şu söylenmeye kalkışılabilir: Freud, burada kendisini izleyenler gibi, yalnızca fallogosentrizmin zorunluluğunu tanımlıyor, yalnızca onun büyük olduğu kadar kesin etkilerini açıklıyor. Fallogosentrizm, ne bir rastlantı, ne de belirli bir teorisyene yüklenebilecek spekülatif bir hatadır. O, hesaba katılması da gereken eski ve muazzam bir köktür. Bu yüzden o, bir nesnenin ya da bir güzergâhın tanımlandığı gibi, tanımlamayı, kavrayışını işlettiği şeye katmadan tanımlanabilir. Kesinlikle. Ancak o zaman geleneğin bütün testlerini kapsayacak şekilde genişletilmek zorunda olan bu hipotez, Freud'da olduğu gibi ve bu soru hakkında onun mirasının hiçbir parçasını dönüştürmek arzusunda olmayan vârislerinin metinlerinde olduğu gibi, bu metinlerde de sıkı biçimde belirlenebilir bir sınırla karşılaşır: bu tanımlama, bir pratiği, bir etiği ve bir kurumu ve böylelikle geleneğin hakikatini güvence altına alan bir politikayı başlattığında, bir "katılımcı"dır. Öyleyse bu, artık yalnızca bir bilme, gösterme ve açıklama sorunu değil, ayrıca bir devam etme sorunudur. Ve yeniden-üretme sorunu. Lacan, etik-kurumsal söylemini beyan eder: otantikliğin, dolu sözün, yeminli sadakatin ve "anlamlandıran uzlaşma"nın motifleri bunu uygun biçimde gösterir. "Analiz, yalnızca bir doğru sözün ortaya çıkışı ve öznenin bir gelecekle ilişkisi içinde kendisi tarafından tarihinin gerçekleştirilmesi amacına sahip olabilir. *Ecrits* (E), s. 88. "[Freud'un eserlerinin] okumasını yerleştireceğim yolun doruklarından hemen önce, aktarımdan, sonra tanımlamadan, sonra anksiyeteden önce, bu yıl, Sainte-Anne'deki seminerimin sona ereceği dördüncü yılda, psikanalizin etiği konusunda kendimizi temin etmemiz gerektiğini düşünmem rastlantı değildir ve hiç kimse bunu düşünmesin.

"Aslında, işlev gördüğümüz alanda, bir etiğin bizzat bu alanın ilkesi olduğunu ve bundan böyle, ne söylerse söylesin ve yine aynı şekilde benim ifadelerim de olmaksızın, temel sıkıntımızın, insan olarak nitelenebilen bir oluşumla ilgili olduğunu unutmayı göze aldığımız görünüyor.

"Her insanî oluşumda, kendi özü olarak ve rastlantısal amaçlar açısından olmaksızın hazzın kısıtlanması söz konusudur" (Discours de clôture des Journées sur les psychoses chez l'enfant, Recherches içinde, Enfance aliénée özel dosyası, Aralık 11, 1968, s. 145-146).

vb.) durum, "cinsel teori" adı verilen şeyden hareketle ayrıntılı biçimde açıklanır: fallus, simgelediği organ, yani penis ya da klitoris değildir, ancak çoğunlukla ve esasen penisi simgeler. Buradan çıkacak sonuç açıktır: androsentrizm olarak fallogosentrizm, bütün paradoksal mantıkla ve geri dönüşlerle birlikte şunu doğurur: örneğin, "fallosentrik diyalektik[te] o [kadın], mutlak Öteki'ni temsil eder."[94] "*Kendisine uygun olan yol*"da çalınan mektubun anlamını kavramak için bu sonuca işaret edilmeliydi. "Fallusun Anlamı"nın sonundan, iki kere yinelenen derinlik, genişlik varsayımı: "Karşılıklı olarak, daha önce asla aydınlatılmamış ve bir kez daha Freud'un sezgisinin derinliğini gösteren bir karakteristiğin nedenine göz atılabilir: yani metinlerinin doğası gereği eril olarak kavradığını gösterdiği yalnızca tek bir *libido* görüşünü geliştirmesinin nedenine. Fallik gösterenin işlevi, burada kendisinin en derin ilişkisine değinir: Eskilerin Nous ve Logos'u somutlaştırdıkları ilişkiye[95]" Derinlik, yüksekliktir. O, yükseğe, kesinlikle *Nous'un, Logos*'un içinde "canlandığı" ve derinden şunu söyleyen ağıza *[bouche]* akar gider *[débouche]*: yalnızca tek bir libido vardır ve bu yüzden libido içinde eril ve dişil arasında hiçbir fark ve hiçbir karşıtlık da yoktur ve ayrıca o, doğası gereği erildir. Aslında "bu asla aydınlatılmamış karakteristiğin nedeni"ne yalnızca "göz atılabilir": çünkü bunun, bir nedeni yoktur, çünkü kendisi nedendir. Freud'dan önce, Freud'un zamanında ve Freud'dan sonra. Nedenden doğan karakteristik *[trait]*. Onun aracılığıyla, onun için, onun altında. "Çaydanlığa

94 Ecrits (F), s. 732. (İng. çev. n.).

95 Ecrits (E), s. 291. Gösterenin mantığı ve fallosentrizm arasındaki sistemsel bağa gelince, burada Lacancı söylemde her şey, kendisinin Propos directifs pour un Congrès sur la sexualité féminine'de sorduğu soruyu yanıtlar –ve yanıtı evettir: "Öyleyse, Freud'un muhtemelen tek bir libido olduğunu ve bunun eril göstergeyle belirlendiğini öne sürerken zihnindeki şey, gösterenin ayrıcalığı mıdır?" Ecrits (F), s. 735.

ilişkin"[96] olduğu söylenen mantıkta, (akıldan çıkarılan bir ölçüt *[traite])* akıl daima doğru olacaktır *[aura raison]*. Kendisi aracılığıyla. Kendisini işitir, kendisiyle anlaşır *[s'enten]*. "Şey, kendinden söz eder." İşitemeyeceği ya da anlayamayacağı şeyi söylerken kendisini işitir.

BULUŞMA YERİ: KRALLARIN ÇİFTE KARESİ

Ancak o kendisine anlattığı öyküyü *okuyamaz*. Ya da anlatının kaydedildiği –mektuptan önceki– yazı sahnesini. Yayılan yapısına, yani mektubun muhtemel-geri-dönüşsüzlüğüne, bekleyişinin *[restance]* diğer sahnesine "göz atmak" için, *Çalınan Mektup*'a geri dönelim.

Sahnede bir anlatıcı olduğundan dolayı "genel" sahne bir anlatıda, bir "hikâye"de ya da bir "öykü"de tüketilmez. Psikanalitik yorumların (anlamsal-biyografik ya da üçlü-biçimci), üçgenlerini *içinden* yükselttikleri görünmez çerçevelemenin,

96 "Çaydanlığın mantığı," rüya-çalışmasının, rüya gören daima haklı çıksın diye nasıl karşıt argümanlar yığdığını göstermek için Freud tarafından kullanılır. Komşusundan ödünç aldığı çaydanlığı, zarar görmüş durumda iade etmekle suçlanan adam, şu şekilde karşılık verir: (1.) iade ettiği çaydanlığın yeni olduğunu, (2.) ödünç aldığında zaten çaydanlıkta deliklerin bulunduğunu, (3.) her şeyden önce, asla bir çaydanlık ödünç almadığını söyler. Derrida'nın söylediği şey, Freud'un yalnızca tek bir eril libido olduğu iddiasına karşı sunulan hiçbir felsefi argümanın olmadığıdır: bu, çaydanlığı ödünç alan adam gibi, bu iddiayı desteklemek için, hepsi geleneksel anlamda doğru ve aynı zamanda ortak karşıtlıklarına kör olacak bütün argümanları yığacak olan felsefenin kendi özüdür. Buradan, Derrida'nın bu paragrafın başlarında "derinlik" ve "yükseklik" eşdeğerliğine göndermesi çıkar. Bu, hakikat tanımlaması olarak, *en yüksek hakikat* düzeyine yükseltilen şeylerin dibindeki tekil kökenin, anüsün çifte anlamına –hem en alçak hem en yüksek– bir imadır. Aklın asla kavramadığı şey, kendisini kavramlaştırmak için "akıldışı"na, çifte anlamlara bağlı olmasıdır. (Ing. çev. n.).

çerçeve içindeki çerçevenin etkilerini zaten kavradık. Anlatıcının konumunu, onun anlatır göründüğü şeyin içeriğiyle bağlantısını kaçırmakla, iki üçgeni aşan yazı sahnesinde her şey ihmal edilir.

Çünkü her şeyden önce, muhtemel yaklaşım ya da sınırlama olmaksızın, mesele, yıkılmış *(abîmé)* sınırlarla bir yazı sahnesi meselesidir. Tam da bir açılış simülakrumundan, ilk sözcükten itibaren anlatıcı kendisine öykünün birliğini sonsuz bir sürüklenişe bağlayan birkaç önerme anlatarak ilerler: "Seminer"in hiç önem vermediği bir metinsel sürükleniş. Ancak her şeyden önce, burada bu sürüklenişi hesaba katmakla sorun, onun, "hikâyenin *gerçek doğru öznesi*" olarak yorumlanması sorunu değildir. Bu yüzden burada gerçek doğru özne sorunu yoktur.

I. Her şey, bir kütüphane "içinde" başlar: kitaplar, yazılar, göndermeler içinde. Bu yüzden hiçbir şey başlamaz. Yalnızca, kendisinden hiçbir şeyin ortaya çıkmadığı bir sürükleniş ya da yolun kaybedilmesi.

II. Ayrıca "bu hikâye"nin üzerlerine aşılandığı diğer iki anlatı yönünde açık bir gönderme yapılır. Üç hikâye arasındaki "analoji," *Çalınan Mektup*'un çevresidir. Bu yüzden, "Seminer" tarafından öne sürüldüğü üzere bu hikâyenin bağımsızlığı, hikâye bütünlüğü içinde ele alınsa bile, anlatıcısının ve anlatısının kesilip çıkarılmasının sonucudur. Bu kesip çıkarma, tam ilk paragraftan itibaren "analoji" hatırlandığından, fazlasıyla dikkatsizdir. "Analoji" sözcüğünün, daha doğrusu "rastlantı" sözcüğünün, kesip çıkarmayı onayladığı, onu davet ettiği ve böylece bir tuzak gibi hareket ettiği doğrudur. "Seminer"in incelemesi, Paris Polis Komiseri'nin girişinden hemen sonra başlar. Ancak bundan önce okumamız için, başlık, epigraf, ilk paragraf sunulur (sessizlik içinde sessizlik):

ÇALINAN MEKTUP

Nil sapientiae odiosius acumine nimio.

Seneca

Paris'te, 18- sonbaharında fırtınalı bir akşamüstü, hava karardıktan hemen sonra, dostum C. Auguste Dupin'le birlikte, onun *Faubourg St. Germain, Rue Dunôt, No: 33'te, au troisième,* arkaya bakan küçük kütüphanesinde ya da kitap odasında derin düşüncelere dalmanın ve bir lületaşı piponun çifte keyfini çıkarıyordum. En azından bir saattir derin bir sessizliğe gömülmüştük; sıradan bir gözlemci, her ikimizin, dikkatle ve yalnızca odanın havasını ağırlaştıran dalgalı duman bulutlarını seyretmekle meşgul olduğumuzu sanabilirdi. Oysa kendi adıma ben, akşamın daha erken saatlerinde aramızda konuştuğumuz bazı konuları zihnimde ölçüp tartıyordum; yani Morgue Sokağı olayını ve Marie Rogét cinayetini örten esrarı. Bu yüzden, dairemizin kapısı ardına kadar açılıp içeriye eski tanışımız Paris Polis Komiseri Mösyö G- girince, bunun bir rastlantı olduğunu düşündüm ... Karanlıkta oturuyorduk, derken Dupin lambayı yakmak için ayağa kalktı ... lambayı yakmadan tekrar yerine oturdu..." (P., s. 208).

Öyleyse her şey, bu başlangıcın, bu kütüphanenin "sessizlik"i, "duman"ı ve "karanlık"ı içinde belirsizleştirilmesiyle "başlar." Sıradan gözlemci, içilen lületaşı pipoyu görür: kısacası, edebî dekoru, bir anlatının süslü çerçevesini. Resmin merkezine ve temsilin içindeki şeye ilgi duyan yorum için ihmal edilebilir olan bu sınırda, bütün bunların, sonu olmaksızın kendisi diğer yazılara aşılanmaya açık bir yazı alanında bir yazı ve sürüklenen yazı olayı olduğu ve bu yazı olayının (önceleyen iki öyküyle "rastlantı"sının zaten kendisinin değerlendirilmesine yol açtığı bir dizinin üçüncüsü), "*Faubourg St.*

Germain, Rue Dunôt, No: 33'te, au troisième" (metinde Fransızca) ilk sözleriyle birden bire başladığı zaten okunabilirdi.

Rastlantısal notasyonlar, dalgalı duman bulutları, çerçevelemenin olumsallıkları mıdır? "Seminer"in Dupin'i sorgulamaya yöneldiği "yazarın niyeti"nin ötesine gitmeleri, salt beklenmedik "rastlantı," bir şans olayı olmaları, bunları yalnızca şansı, "hikâyenin gerçek öznesi" adını vermekten gerçekten sakınacağımız yazı olarak yorumlayan bir metnin okunmasına fazlasıyla teslim edebilir.

Daha doğrusu, onun olağanüstü eksiltili anlatımı. Aslında, davet edildiğimiz şekilde yaparsak ve çerçevenin iç sınırlarından *Çalınan Mektup*'tan önceki şeye geri dönersek, olağanüstü olan, şunu vurgular: yazı sahnesi, kütüphane, şans olayları, rastlantılar, *Morg Sokağı Cinayetleri*'nin başlangıcında (anlatan-anlatılan) anlatıcı ve Dupin arasındaki buluşma yeri olarak adlandırılabilen şey, zaten "loş bir kütüphanedir," "her ikimizin de çok nadide ve olağanüstü aynı kitabın peşinde olmamız" (bu kez Baudelaire'in "*analogie*" değil, "*coincidence*" olarak çevirdiği) "rastlantı"sıdır ["accident"].[97] Bu buluşma yerinde biçimlenen ilişki hakkında en azından söylenebilecek

---

97 Mutfak sorunları: hikâyenin başlangıcında, tam da diğer iki "olay"a *(Morgue Sokağı ve Marie Rogêt)* gönderme anında "coincidence"ı "analogie" olarak çevirmekle Baudelaire, yalnızca bu sözcüğün vurgusunu değil, aynı zamanda Çalınan Mektup'un, bu üçüncü kurgudan önce ağı ayrıntılarıyla açıklanan bu rastlantılar dizisinde, onlardan biri olarak sunulduğu olgusunu da kaçırıyor. Artık üçlemenin açık bir okumasında çözümlenebilecek bu rastlantıların arasından bir ayrıntı: *Marie Rogêt'nin Sırrı*'nın epigrafı, hem Almanca'da hem İngilizce çeviride Novalis'ten şöyle başlayan bir alıntı: "Gerçek olaylarla paralel giden ideal olay dizileri vardır. Bunlar nadiren rastlaşırlar..." Baudelaire, yalnızca son üç sözcüğü ihmal eder. "Coincidence" sözcüğü, daha sonra iki sayfada üç kez daima vurgulu biçimde görünür. Ve son kez, üç olayın kesişimiyle ilgilidir: "Şimdi açıklamam istenen sıradışı ayrıntıların, zamansal ardışıklık içindeki bir dizi anlaşılmaz rastlantının ana unsurunu oluşturduğu görülecektir. Bunların ikincil ya da son unsuru bütün okurlar tarafından bilinmektedir: MARY CECELIA ROGERS'ın yakın zaman önce New York'ta öldürülmesi." *Marie Rogêt'nin Sırrı*'nın alt başlığı şöyledir: "*Morgue Sokağı Cinayetleri*'nin Devamı."

şey, onun, genel anlatıcı adı verilen anlatıcıyı, ilerlemekte olan anlatıya müdahale etmeyen nötr ve şeffaf bir aktarıcı konumunda asla bırakmayacak olmasıdır. Örneğin (ancak bu kez çerçevede okunan örnek, metnin başlangıcında yer almaz. Eğer isterseniz, "buluşma"yı betimleyen çerçeve, anlatıyı baştan sona kateder. Anlatıda Dupin'in görünmesinden önce, çerçeve, terkedilmiş bir önsöz kisvesi içinde bir hileyle, analiz üzerine kısa, sahte bir incelemeyle öncelenir: "Şimdi bir inceleme değil, çok rastgele gözlemlerle bir çeşit tuhaf bir anlatıya basitçe bir önsöz yazıyorum." Bir inceleme değil, (her zaman-

Sonsuzca çoğaltılabilecek hatırlatmalar, bizi, çerçevenin etkilerine ve özet mantığının paradokslarına duyarlı kılacaklardır. Mesele, "Çalınan Mektup"un bir çerçeve ("Seminer" tarafından ihmal edilen ve böylelikle bir üstdilbilimsel örtüden hareketle, aktif ve kasıtlı olarak yanıltıcı bir sınırlama aracılığıyla hikâyenin üçgensel iç alanından kendisini emin kılan bir çerçeve) içinde işlediğini göstermek değil, çerçeveleme etkilerinin yapısının hiçbir sınırlandırma bütünlüğünün ortaya bile çıkamadığı şekilde olduğunu göstermektir. Çerçeveler, daima çerçevelenirler: ve böylelikle bir bütün olmaksızın Bölümler'ini, birleşme olmaksızın "kısımlar"ını içerdikleri şeyin verili bir parçasıyla çerçevelenirler: bu, bölünmeye alerjik bir mektubun rüyasını, bölmeden denetleyen şeydir. Bu temelde, dilbilimsel birim "fallus" *[le sème "phallus"]* kendisini yayarak da yaymayarak da dolaşır, başlar. Çerçevenin doğallaştıran nötrleşimi, aslında Oedipal sınırı (bu sınır içinde kendisini) bularak –ve gerçekten de, kesinlikle temel bir parça olsa bile mektubun içinde bir parça olarak oradadır– bir Oedipal sınırı yüklemesi ya da dâhil etmesi sayesinde "Seminer"in bir üstdil oluşturmasına ve burada hatırlayarak başladığımız ("ilk sayfa"ya geri dönün) bütün boyutlarıyla genel olarak metni dışarıda tutmasına olanak tanır. Daha öte ayrıntıya da girmeksizin –son tahlilde hiç kimse tarafından kullanılmayan, hiç kimsenin düzeninde olmayan, bir hatanın ya da bir zayıflığın sonuçlarına hiç kimseyi dâhil etmeyen– üstdil tuzağı, mektuptan önceki yazıya ait bir tuzaktır ve sahte başlığın gösterdiği-gizlediği şeyde kendisini gösterir ve gizler: "Çalınan Mektup, metnin başlığıdır ve yalnızca konusunun başlığı değildir. Ancak bir metin, kendisini asla başlıklandırmaz, kendisini asla yazmaz: metin olan ben, yazıyorum ya da kendimi yazıyorum. Bu, "hakikat olan ben, konuşuyorum" denmesine yol açar, denmesine izin verir ya da daha çok demeye sevk eder. Ben, daima kendisine ... doğruca varacağı yere asla varmayan [s'arrive], mektubum (hâlâ bu mektubu izliyorum) *[je suis toujours]*.

ki gibi atlanacak[98]) bir önsöz ve rastgele gözlemler. Önsözün sonunda anlatıcı, "Seminer"i taklit eder):

---

98 Herkesin bir önsözü atladığı gibi, onları atlamadan önce, ya da uygun eğitici teorik kavramlar, öykünün hakikati olarak onları yüceltmeden önce, bir şekilde rastlantısal biçimde birkaç önermeyi yükselteceğim. Bunlar, zorunlu olarak en iyi önermeler değildir. Başlığın her sözünün ve yine kadınlar arasında kendisini saklayan Achilles'in adı üzerine epigrafın hatırlatılması da gerekir. "Analitik olarak tanımlanan zihinsel yetilerin kendileri, analize pek açık değildir ... analist çözümleyici zihinsel etkinliği över *[dont la fonction est de débrouiller]*. Yeteneklerini devreye sokabileceği en önemsiz uğraşlardan bile zevk alır. Muammalara, bilmecelere, gizli anlamlı simgelere düşkündür ... Yine de hesaplamak bizzat analiz etmek demek değildir. Örneğin bir satranç oyuncusu, bir hesabı yaparken, diğerini yapmaz ... düşünümsel zihnin daha üstün güçlerinin gösterişsiz dama oyununda, satrancın bütün zahmetli anlamsızlığından *[la laborieuse futilité des échecs]* daha kesin ve daha yararlı şekilde çalıştırıldığını öne süreceğim ... Daha açık söylemek gerekirse – diyelim ki, bir dama oyununda taşlar dört krala düşmüş ["draughts" ("dama") Fransızca'da *le jeu de dames*'dir, ve burada Baudelaire'in çevirisi, dört "king" ("kral") değil, dört dames'dir (dama/hatun)] ve elbette bu durumda dikkatsizlik beklenmez. Burada (oyuncular eşit durumda olduklarından) oyunun yalnızca son derece güçlü bir zekâ çabası sonucu olan recherché hamleyle *[tactique habile]* kazanılacağı açıktır. Analist olağan kaynaklarından mahrum kalınca, rakibinin ruh haline bürünür, kendisini onunla özdeşleştirir ve böylece çoğunlukla onu hataya düşürebileceği ya da yanlış hesaba sokabileceği metotları (bazen bunlar gerçekten saçmalık derecesinde basittir) bir bakışta görüverir ... Ancak analistin becerisi, kuralların ötesindeki meselelerde *[les cas situés au-delà de la règle]* sergilenir *[se manifeste]* ... Oyuncumuz, kendisini kesinlikle sınırlandırmaz; konu oyun olduğu için, oyun dışındaki şeylerden çıkarımlarda bulunmayı da gözardı etmez ... " (Poe, s. 139-141 ve *çeşitli yerlerde*). Vb. bütün pasaj, her iki dilde okunmalıdır. Kendime, bazen saygı duymadığım Baudelaire'in çevirisine dayalı bir yemek pişirmeye izin verdim.

Meryon, Baudelaire'e, bu "Edgar Poe'nun gerçekliğine" inanıp inanmadığını sormuştu ve öykülerini her konuda güncel olan, çok yetenekli, çok güçlü edebiyatçılar topluluğuna atfetmişti. Bu yüzden, "eğer oyunun dışındaki şeyler" metinde anlatılan ya da metinle kurulan bir oyunu sınırlandırıyorsa, bu topluluk, konu olan oyunun öykü (içinde) olup olmadığını da belirlemez. Ayartmanın, kurbanını karakterler ya da okurlar arasında arayıp aramadığını da. Birbiriyle aynı anlama gelmeyen "anlatanın muhatabı" ve sonra hitap edilen sorunu asla kendisine ulaşmaz *[ne s'arrive jamais]*.

Aşağıdaki anlatı, okura, bir dereceye kadar, biraz önce geliştirilen önermeler üzerine bir yorumun ışığında sunulacaktır.

18- baharında ve yazının bir kısmında, Paris'te Mösyö C. Auguste Dupin adlı biriyle tanıştım. Bu genç adam, mükemmel –gerçekten ünlü– bir aileden geliyordu, ama talihsizliklerden dolayı öyle bir yoksulluğa düşmüştü ki, karakterinin enerjisi bu yoksulluğun altında ezilmişti. Dünyayla ilgisini kesmiş, servetini yeniden ele geçirmekten vazgeçmişti. Yine de, alacaklılarının nezaketiyle servetinin küçük bir kısmı elinde kalmıştı; sıkı bir ekonomi sayesinde, bu küçük gelirle yaşamın gereksiz fazlalıkları hakkında kendisini sıkıntıya sokmadan, yaşamın gereksinimlerini karşılamayı beceriyordu. Aslında kitaplar onun tek keyfiydi ve Paris'te bunlar kolayca elde ediliyordu. (P., s. 142)

Açıkça, kendisinden hesaplama *(sıkı ekonomi)* ile bir gelir, bir varidat çekebilen borçlunun hesabının dışında tutulan, babadan kalma mirastan bir *bakiye*, kendi kendine işleyen bir sermayenin artı-değeri aracılığıyla Dupin, böylelikle başlangıç bakiyesinin yeniden-yerleştirildiği *[se retrouve]* ve geri dönüşü olmayan bir armağan gibi kısıtlı bir ekonomi uzamını kateden tek bir fazlalık için, biricik bir keyif için ödeme yapma olanağını kendisine tanır. Bu biricik keyif, (*biricik keyifler*: bu sözcük *Çalınan Mektup*'un ikinci satırında ikinci kez, ancak bu kez tek bir *çifte keyif, derin düşüncelere dalmanın ve bir lületaşı piponun çifte keyfi* olarak yer alır) yazıdır: buluşma yerini ve genel anlatı adı verilen anlatı bütününün yıkılışını *[mise en abîme]* örgütleyecek kitaplar. Anlatıcı ve Dupin arasındaki buluşmanın buluşma yeri, ilgilerinin aynı kitapta buluşmasına bağlıdır; buna ulaşıp ulaşmadıkları asla söylenmez. Şu, tamı tamına rastlantıdır [accident]:

İlk karşılaşmamız, Montmartre Sokağı'ndaki loş bir kütüphanede gerçekleşmişti. Her ikimizin de çok nadide ve olağanüstü aynı kitabın peşinde olmamız rastlantısı, bizi yakınlaştırdı. Defalarca görüştük. Bana, bir Fransız'ın kendisinden her söz edişinde takındığı samimiyetle anlattığı kısa aile tarihine derinden ilgi duydum. (P., s. 142)

Böylece anlatıcı, kendisinin anlatmasına olanak tanır: Dupin'in aile tarihiyle, kendisiyle kitapların keyfinin ödendiği bir gelir bakiyesini bırakan tarihle ilgilendiğini ("Kısa aile tarihine derinden ilgi duydum...") ve sonra, göreceğimiz üzere, her şeyden önce Dupin'in okuma kapasitesinin onu hayrete düşürdüğünü ve bütün değer biçmelerin ötesinde, bu tür bir insanın eşliğinin değerini biçemeyeceğini ("paha biçilmez bir hazine") anlatmasına. Bu yüzden anlatıcı, tam da bu neden-den dolayı paha biçilmez yazı için ödeme yapma olanağını tanıyan paha biçilmez Dupin için ödeme yapma olanağını kendisine tanıyacaktır. Çünkü anlatıcı, Dupin'le içtenlikle paylaşarak –Baudelaire'in söylediği üzere sırlarını paylaşarak *[se livrant]*– bunu yapmak için ödemede bulunmalıdır. Analistin muayenehanesini kiralamalıdır. Ve paha biçilemez olanın ekonomik eşdeğerini sunmalıdır. Analist –ya da onun, basitçe "bir şekilde daha az sıkıntılı," az çok Dupin'inkine denk kendi serveti– onu bunu yapmak için yetkilendirir: "... kiralamama izin verdi." Bu yüzden anlatıcı mektupların elde edilebilirliğinden emin olmak için Dupin'e ödeme yapan ilk kişidir. Öyleyse, bu zincirin hareketini izleyelim. Ancak ödeme yaptığı şey, aynı zamanda bütün öykünün anlatılacağı ve yorumlara sunulacağı anlatının, yazının yeridir. Eğer o, yazmak ya da konuşmak için ödeme yapıyorsa, aynı zamanda Dupin'in konuşmasını sağlıyor, onun mektuplarını iade etmesini sağlıyor ve bir itiraf biçimindeki son sözü ona bırakıyor. Bu muayenehanenin ekonomisi içinde anlatıcı, aslında bir sermaye ve arzu anonim şirketinin [société anonyme] işlevi olan bir işlevle sahneye konulur konulmaz, hiçbir nötrleştirme olanaklı değildir; ne de genel bir bakış açısı, yukarıdan bir bakış, anlamlandırmanın para tarafından "yıkılışı" olanaklıdır. Yalnızca Dupin değil, anlatıcı da "katılımcı"dır. Anlatıcı, Dupin'in, mektuplarını Kraliçe'yle (öteki Kraliçe'yle) sınırlı kalmaksızın iade etmesini sağlar sağlamaz, mektup kendisini böler, o artık atomcu (atomculuk, Epikür'ün atomculuğu, aynı zamanda *Morg Sokağı Cinayetleri*'nde Dupin'in önermelerinden biridir) değildir ve bu yüzden varacağı belirli yeri kaybeder. Mektubun bölünebilirliği –"Seminer"in bu anahtarını ya da güvenlik kilidini vurgulamamızın nedeni budur– iade garantisi olmaksızın her ne olursa olsun onun bekleyişini [restance] rastlantıya bırakan, yolundan çıkaran şeydir: bir mektup her zaman varacağı yere varmaz ve bu olanak kendi yapısına ait olduğu andan itibaren, onun gerçekten asla varmadığı ve vardığında varmama kapasitesinin ona içsel bir sürüklenişle eziyet ettiği söylenebilir.

Ayrıca mektubun bölünebilirliği, meydana çıkardığı gösterenin bölünebilirliğidir ve bu yüzden aynı zamanda mektuba tâbi olan ve mektubu ve göstereni "temsil" eden "özneler"in, "karakterler"in ya da "konumlar"ın da bölünebilirliğidir. Bunu metinde göstermeden önce, hatırlatma olarak bir alıntı:

> Onun engin okuma birikimi karşısında da hayrete düşmüştüm; ve hepsinden öte, ruhumun onun hayal gücünün vahşi coşkusuyla ve canlı tazeliğiyle alevlendiğini hissediyordum. Paris'te o sıralarda peşine düştüğüm şeyleri ararken böyle bir adamın eşliğinin benim için paha biçilmez bir hazine olacağını düşünüyordum. Bu duyguyu onunla içtenlikle paylaştım. Sonunda kentte kaldığım süre zarfında birlikte yaşamayı kararlaştırdık; dünyevi durumum onunkinden daha az sıkıntı verici olduğundan eski ve grotesk bir konağı kiralamama ve onu ortak mizacımızın oldukça fantastik kasvetine uygun bir tarzda döşememe izin verdi. Yıkılmak üzere olan ve soruşturmadığımız batıl inançlar yüzünden uzun süredir boş kalan bu konak, Faubourg St. Germain'ın metruk ve ıssız bir semtindeydi. (P., s. 142-143)

Böylelikle iki kasvetli (melankolik) fantastiğimiz var. Bunlardan biri bize, daha önce Paris'te hangi nesneleri aradığını ya da artık kaldıkları yeri kendilerinden gizleyecek olduğu "önceki tanışları"nın kimler olduğunu söylemez. Şimdi bütün uzam, bu iki "deli"nin spekülasyonlarının bir uzamıdır:

Buradaki gündelik yaşamımızın rutini bilinse, herkes bize deli derdi – her ne kadar zararsız deliler olarak görülsek de. İnzivamız, kusursuzdu. Ziyaretçi kabul etmiyorduk. Aslında kaldığımız yer, önceki tanışlarımdan özenle gizlenmişti; Dupin ise, yıllardır ne Parisliler'i tanıyor ne de onlar tarafından tanınıyordu. Yalnızca kendi içimizde yaşıyorduk. (P., s. 143)

Buradan itibaren anlatıcı Dupin'le ilerleyen özdeşleşimini anlatmak için kendisine olanak tanır. Ve her şeyden önce, gece tutkusuyla, orada olmadığında "mevcudiyet"ini "taklit ettikleri" "siyah tanrıça"yı:

Arkadaşımın geceye tutkun olmak gibi bir hayalperestliği (başka nasıl adlandırabilirim ki?) vardı. Bu *tuhaflığa* da, tıpkı diğer bütün tuhaflıklarına olduğu gibi usulca daldım; kusursuz bir *teslimiyetle* kendimi onun çılgınca kaprislerine bıraktım. O siyah tanrıça hep bizimle kalmıyordu; ama mevcudiyetini taklit edebilirdik. (P., s. 143)

Kendi konumunda çiftlenmiş anlatıcı, böylelikle "garip analitik yeteneği"ni belirtmekten ve buna hayran olmaktan kendisini alamadığı Dupin'le *özdeşleşir* ve Dupin ona, kendisine ait, anlatıcının kişiliğine ilişkin "içsel bilgisi"nin çoğul kanıtlarını sunar: Ancak Dupin'in kendisi, kesinlikle bu anlarda çift görünür. Ve bu kez bu, Dupin'i çift olarak gören anlatıcının bir "hayal"idir: "böyle anlarda onun tavrı soğuk ve belirsiz oluyor, gözleri boş bir ifade taşıyordu; genellikle zengin bir tenor olan sesi, telaffuzunun kararlılığı ve ayrıksılığı olmasa, huysuzca gelebilecek kadar tizleşiyor ve sopranoya dönüşüyordu. Onu bu ruh hali içindeyken gözlemlediğimde, sık sık o eski İki-Parçalı Ruh felsefesi üstünde düşünüyor ve kendimi, bir çift Dupin hayaliyle eğlendiriyordum – yaratıcı ve çözümleyici" (P., s. 144).

Çiftlenmiş iki çiftin arasında bir özdeşleşme hayali, Dupin'i, "gerçek drama"nın "öznelerarası üçlüler"inin *dışında* ve anlatıcıyı, anlattığı şeyin *içinde*[99] tutan bir ilişkideki temel ya-

99 "Seminer," anlatıcının anlatıyla çok belirgin bağlılığını asla hesaba katmaz. On yıl sonra, 1966'daki bir ekte Lacan, şunları kaydeder:

"Çalınan Mektup"un kurgusunda olduğu gibi burada da kavranacak kadar açık (gösterene ilişkin) bir etki.

"Bunun özü, mektubun, içerideki etkilerini (anlatıcı da dâhil hikâye aktörleri üzerindeki etkilerini) olduğu kadar, dışarıdaki etkilerini de (kastettiği şeyle ilgilenmek zorunda kalmaksızın biz okurları ve aynı şekilde yazarı üzerindeki etkilerini) ifade edebilmesidir. Bu, kendisine ilişkin yazılı her şeyin, olağan bir yazgı olmasıdır." (*Ecrits* (F), s. 56-57).

Belirli bir noktaya kadar bunu kabul etsek bile, yine "Seminer"in *ne fiilen ne de ilkece* anlatıcı üzerindeki etkiler hakkında hiçbir şey söylemediğini de belirlemeliyiz. Yorumun yapısı, onu dışarıda tutacaktır. Bu etkilerin doğasına, anlatıcının ilgisinin yapısına gelince, pişmanlık, "Seminer" tarafından işletilen çerçevelemeyle kendisini sınırlayarak, hiçbir şey söylemez. Bu olayda, her şeyin, [mektubun] kastettiği şeyle ilgilenen kimse olmaksızın meydana geldiği iddiası, çeşitli nedenlerden dolayı *yanlıştır:*

1.'si: Polis Komiseri'nin bize hatırlattığı üzere herkes, mektubun "çok yüksek mevkiden önemli bir kişinin onurunun lekelenmesine" ve bu yüzden bu kişinin "huzur"unun da bozulmasına yetecek kadar şey içerdiğini bilir: sıkı bir anlamsal bağ.

2.'si: Bu bilgi, iki düzeyde "Seminer" tarafından yinelenir ve "Seminer"i destekler:

a) Mektubun minimal ve aktif anlamı konusunda "Seminer," Komiser'in bilgisini aktarır ya da kopya eder: "Ancak bütün bunlar, mektubun taşıdığı mesaj hakkında bize hiçbir şey söylemez.

"Aşk mektubu ya da komplo mektubu, ihanet mektubu ya da misyon mektubu, davet mektubu ya da dert mektubu olsun, biz yalnızca tek bir şeyden emin oluruz: Kraliçe, Kralı'nın ve efendisinin ondan haberdar olmamasını istiyor" (S., s. 57). Bu bize, mektubun taşıdığı mesajın içeriklerini anlatır: ve bizi neye inandırırlarsa inandırsınlar, biraz önce önerilen değişiklikler bu mesaja kayıtsız kalmazlar. Muhtemel hipotezlerin her birinde mektubun mesajı (yalnızca onun gönderilmiş olması, yayılması değil, içinde yayılan şeyin içeriği de) zorunlu olarak bir "yeminli sadakat" anlaşması ihanetini ima eder. Kraliçe'ye, hemen herkesin hemen her tür mektubu göndermesi yasaklanmamıştır, ne de Kraliçe'nin alması. Birkaç satır sonra, gösterenin ve onun gerçek yerinin mantığını sözde nötrleştirici mesajla radikalleştirdiğinde ve sonra bu mantığı anlamına ya da simgesel hakikatine oturtup bağladığında, "Seminer," kendisiyle çelişir: "... mektup, bir anlaş-

tırım, "iki üçgen"in, birincil ve ikincil üçgenlerin önünde ve ötesinde arzuların ve sermayenin, gösterenlerin ve mektupların dolaşımı, bütün karakterler gibi, anlatının içinde ve dışında ardışık biçimde bütün yerleri işgal eden Dupin'in konumuyla başlayan birbirini izleyen konumların yarılmaları –bütün bunlar, üçgensel mantığa oyun içinde çok sınırlı bir oyun anlamı yükler. Ve (Lacan'ın İmgesele indirgediği) iki çift arasındaki ikili ilişki, Simgesele ait olduğu söylenen bütün bir uzamı kuşatır ve örter; onu, sonra İmgesel ve Simgesel karşıtlığını sürekli yıkarak ve düzensizleştirerek aşar ve simüle eder ve her şeyden önce onun örtük hiyerarşisi çok sınırlı uygunluğa ait görünür: yani bu tür bir yazı sahnesinin karesine karşı ölçülürse.

---

ma simgesi olarak kalır" (S., s. 58). "Seminer"in söylediği şeyin (neden olduğu körlük sayesinde büyük bir önerme, ama tanıtlanması kaçınılmaz) aksine, herkes, "[mektubun] kastettiği şeyle ilgilen"mek zorundaydı. Bu anlam konusunda cahillik ya da kayıtsızlık minimal ve geçici olarak kalır. "Seminer"in yazarından başlayarak, herkes bunun farkındadır, herkes onunla meşguldür. Ve eğer o, çok belirli bir anlama sahip olmasa, hiç kimse başka bir mektubun kendisine yutturulması konusunda bu kadar endişe etmezdi. Bu, Kraliçe'nin, daha sonra Bakan'ın başına geldi. En azından. Bakan'dan başlayarak, Dupin'den geçerek, Lacan dâhil herkes, kendisini, bunun, aslında söylediği şeyi açıkça söyleyen bir mektup sorunu olduğuna ikna eder: anlaşmaya ve söylediği şeye, "bir anlaşma simgesi"ne ihanet. Aksi takdirde terkedilen mektup olmazdı: isterse en başta Bakan tarafından, sonra Dupin tarafından ve en son Lacan tarafından olsun. Hepsi, mektubun, "doğru" mektubun içeriğini doğrularlar ve hepsi Polis Komiseri'nin bir bedel ödeyerek mektubu Dupin'in elinden alıp muhtevasını kontrol ettiği anda yaptığı şeyi yaparlar: "Bu lüzumsuz işler memuru, sevinçten uçarak mektubu kaptı, titreyen elleriyle açtı, içeriğine hızla bir göz attı ve sonra apar topar kapıya yöneldi, veda etmeden odadan ve evden dışarı fırladı ..." (Poe, s. 216). Çek ve mektubun mübadelesi, Dupin'in belgeleri kilitlediği escritoire (metinde Fransızca) üzerinde gerçekleşir.

b) Kendi örnek oluşturucu genelliği içinde çalınan mektubun anlamının yasasına gelince, bir kez daha şunlar "Seminer"in son sözleridir: ("Böylelikle 'çalınan mektup', yani 'teslim edilmeyen mektup' (lettre et souffrance) şunu ifade eder: bir mektup daima varacağı yere varır," S., s. 72).

Çalınan Mektup'un *bütün* karakterlerinin, özellikle Dupin'in de dâhil olduğu "gerçek drama"nın karakterlerinin ardışık ve yapısal biçimde *bütün* konumları, ölü-kör Kral'ın (ve böylelikle Polis Komiseri'nin) konumunu, sonra Kraliçe'nin ve Bakan'ın konumlarını işgal ettiklerini gördük. Her konum, kendisini ötekiyle özdeşleştirir ve kendisini böler, budalanın ve ilave bir dördüncünün konumu bile. Bu, dolaşımın uygun yolunu belirlemek için "Seminer" tarafından öne sürülen üç bakışın ayırt edilişiyle uyuşur. Ve her şeyden önce, (anlatan-anlatılan) anlatıcı yönünde yana doğru ayrılan (ikiyüzlü ve özdeşleştirici) başlangıç, bir mektubu yalnızca bir diğerinin sürüklenmesi için geri getirir.

Çiftin ve bu yüzden *Unheimlichkeit*'ın fenomenleri, yalnızca *Çalınan Mektup*'un üçlemesel "içerik"ine ait değildir. Aslında anlatıcı ve Dupin arasında, Bakan'ın kendisi mi yoksa erkek kardeşi mi olduğunu bilme sorunu ortaya çıkar. ("... iki erkek kardeş var; her ikisi de ... ün kazanmış;" nerede? "yayın dünyasında*," P., s. 219). Dupin, Bakan'ın "şair ve matematikçi" olduğunu onaylar. İki erkek kardeş, onda neredeyse ayırt edilemezler. Onun içindeki rekabette oynayan ve ötekini denetleyen bir erkek kardeş. "'Yanılıyorsun'," der Dupin, "'onu çok iyi tanıyorum. O, her ikisidir de. Bir şair ve bir matematikçi olduğundan, iyi akıl yürütür. Yalnızca bir matematikçi olsaydı, hiç de akıl yürütemezdi ve böylece Komiser'in insafına kalırdı'" (P., s. 219).

Ancak Dupin, "'Elyazımı çok iyi tanır'" dediği Bakan'a bir darbe, bir erkek kardeş ya da meslekdaş, bir ikiz, küçük ya da büyük erkek kardeş (Atreus/Thyestes) tarafından imzalanan bir darbe indirir. Ailesel üçgenin (birinci, ikinci ya da sonraki üçgen) simgesel uzamına girişten uzak olan iki erkek karde-

* "in letters," bağlam gereği "yayın dünyasında" karşılığı kadar, "mektuplarda" karşılığını da çağrıştırmalıdır. (Türkçe'ye çev. n.).

şin rekabete dayalı ve ikiyüzlü bu özdeşleşimi, üçgeni, orijinalleri olmaksızın bir çiftler, otantik ve bölünemez bir mektup olmaksızın kopyalar, sahtesi üretilen şey olmaksızın sahtekârlık labirentine sonsuzca alıp götürür ve böylece çalınan mektubun üzerine düzelmez bir hilekârlık damgası basar.

Çalınan Mektup başlıklı metin, hilekârlığın bu sonuçlarını (ve içinde kendisini) mühürler. Bir okuma kilidi açmak için, yalnızca en göze çarpanları belirttim: çiftlerin oyunu, sonsuz bölünebilirlik, kopyadan kopyaya metinsel göndermeler, çerçevelerin çerçevelenmesi, soru işaretlerinin sonsuz eklentiliği *Çalınan Mektup*'un, *Morgue Sokağı Cinayetleri*'ndeki anlatıların anlatıları ve *Marie Rogêt'nin Sırrı*'ndaki (*Morgue Sokağı Cinayetleri*'nin Devamı) gazete küpürleri aracılığıyla, kendisinden önce başlayan bir çalınan mektuba eklenmesi. Her şeyden önce, başlığın *mise en abîme*'i: *Çalınan Mektup*, metindir, metin içinde metindir (bir üçleme olarak çalınan mektup). Başlık, metnin başlığıdır, metni isimlendirir, kendisini isimlendirir ve böylelikle metinde betimlenen bir nesneyi isimlendiriyormuş gibi yaparak kendisini içerir. *Çalınan Mektup*, her tahsis edilebilir varılacak yerden kaçınan bir metin olarak işler ve tam da bir mektubun vardığını anlattığı anda bu tahsis edilemezliği üretir ya da daha çok bizzat çıkarsayarak ona neden olur. O, mektuptan önce yazılan sahte-olanın, kendisi aracılığıyla kendisinden ayrıldığı anda ve yerde, bir şey söylemeye niyetleniyormuş gibi ve otantik, eksiksiz ve bölünmemiş olarak "bir mektup daima varacağı yere varır" düşüncesine sevkediyormuş gibi yapar. Yan tarafa başka bir sıçrayış yapmak için.

Kim imzalar? Kesinlikle Dupin imzalamak ister. Ve aslında anlatıcı, onun konuşmasını sağladıktan ya da onu konuşmaya sevkettikten sonra, son sözü[100], üç öyküden sonuncusunun

100 Onun hikâyede "konuşan" tek kişi olduğu bile düşünülebilir. Onunki, gerçekten salahiyetli, geveze ve öğretici bir palavracı kadar emirler

son sözünü ona bırakır. Öyle görünüyor. Bunu, sırası geldiğinde anlatıcıyı, daha da azı yazarı, nasıl sessiz kalınacağını bilen analistin konumuna yerleştirmek için söylemiyorum. Belki de burada, bu yazı sahnesinin karesine karşı ölçülen analitik bir durum için, hiçbir olanaklı kapanış yoktur. Belki de burada en azından X'deki psikanaliz durumunda hiçbir muhtemel analist yoktur... Yalnızca dört kral ve bu yüzden dört kraliçe, dört polis komiseri, dört bakan, dört analist–Dupin, dört anlatıcı, dört okur, dört kral vb., her biri diğerlerinden daha aklı başında ve daha aptal, daha güçlü ve savunmasız.

Evet, şüphesiz Dupin çalınan mektubun son mesajının son sözünü imzalamak istiyor. İlkin, Bakan için bıraktığı *kopya*nın altına kendi onayını –ya da en azından tanınabileceği mührü– bırakmaktan kendini alıkoyamamakla. *Kopya*dan korkuyor ve kardeşlik intikamında ısrar ederek, Bakan'ın mektubun nere-

---

dağıtan, talimatları kontrol eden, yanlışları düzelten ve herkese dersler veren başat söylemdir. Kendi vaktini ve başka herkesin vaktini cezalar vererek ve kuralları hatırlatarak harcar. Kendisini postalar ve kendi adresine gönderir. Yalnızca bu adres, doğru ve otantik adres sayılır. O, yasaya göre, onun gerçek sahibine göre geri gelir. Kanun adamı, uygun yolun rehberi ve reisi sayesinde. Nihayetinde bütün "Çalınan Mektup," bir ders verirken ona geri dönmesi için yazılır. Ve kendisini diğer herkesten daha zeki gösterdiğinden dolayı yerini ve varacağı doğru yeri fark ettiği anda, mektup, ona bir oyun daha oynar. En otoriter kibirli anında, kendisinin tuzağı açıklarken tuzağa düşürdüğünü söylediğini işittiği anda, darbesini indirip mektubu iade ettiği anda, "Çalınan Mektup" kaçar ve onu tuzağa düşürür (edebiyat sahnesinin sol yanı). Dupin, farkında olmadan bütün taleplere ve çiftlere boyun eğer, yani Bakan'ın ve polisin yerine geçer: ciddiye alınmayacak bir hipotez olarak eğer tek bir aldatmaca varsa, Dupin "öykü"nün en büyük aldatmacası olacaktır. Hanımefendiye ne olduğu daha sonra görülecek. Hanımefendiye-Kraliçe-olarak-hitap-eder-hitap-hanımefendiyi-kandırır. *[... s'il n'y en avait qu'une, hypothèse en congé, ce serait la plus belle dupe de l' "histoire." Reste à savoir-quoi de la belle. Il-l'adresse-la-Reine-l'adresse-la-dupe.]*

den geldiğini bilmesini kesinlikle istiyor. Böylelikle *kopyayı*, sahte mektubu, mektubun dışıyla sınırlandırıyor. Mektubun içi otantiktir ve uygun şekilde tanımlanabilir. Aslında: deli (kendisi tarafından ödemede bulunulan sahte bir deli: "sözde deli taklidi yapan, benim tuttuğum bir adamdı") herkesin dikkatini kendi "çılgın davranışı"yla başka yöne çevirdiği anda, Dupin ne yapıyor? Bir not ekliyor. Sahte mektubu, yani kendi hesaplarıyla ilgili mektubu, *yalnızca dışıyla* bir *taklit* olan *gerçek mektubu* yerine koyuyor. Eğer bütün bunlarda bir hakikat adamı, bir otantiklik tutkunu varsa, Dupin açıkça bunun örneği olurdu: "'Bu arada ben süratle kartvizit kutusuna gittim, mektubu alıp cebime attım ve onun yerine ekmekten yapılmış bir mühürle D— armasını hemen taklit ederek evde dikkatle hazırladığım (dış görünüş itibarıyla) onun *kopyası* olan bir mektubu koydum'" (P., s. 224).

Böylelikle D— deşifre edicinin kastetmiş olacağı şeyi ve nereden ve neden, hangi amaçla, kimin ve neyin adına deşifre ettiğini, içeriden deşifre etmek zorunda kalacak mıdır? İsmin baş harfi –Bakan'ın da Dupin'in de isminin baş harfi aynıdır, D—'dir– dışıyla bir *kopya, ancak içiyle bir asıldır.*

Ancak içiyle bu asıl nedir? Bu imza mı? İki yönlü bir kardeş savaşındaki bu "son söz" mü?

Yine, imza sahibinin, kendisi ne derse desin dışarıda bırakıldığı bir alıntı: "...boş sayfanın ortasına şu sözleri geçirdim–

–Un dessein si funeste,

S'il n'est digne d'Atré, est digne de Thyeste. "(P., s. 225)

Tırnak işaretlerinin oyunu. Fransızca çeviride tırnak işareti yoktur –Crebillion'un metni, küçük harflerle yazılmıştır. Bu yüzden izleyen cümle ("Bu sözler, Crébillon'un 'Atrée'sinde yer alır."), Çalınan Mektup'un yazarına, anlatıcıya, intikam mektubunun yazarına (Dupin'e) eşit şekilde atfedilebilir. Ancak kullanıyor olduğum Amerikan baskısı[101], hiçbir şüpheye yer bırakmaz:

"'Elyazımı çok iyi tanır ve boş sayfanın ortasına şu sözleri geçirdim–

–Un dessein si funeste,

S'il n'est digne d'Atré, est digne de Thyeste.

Bu sözler, Crébillon'un 'Atrée'sinde yer alır.'"

Böylelikle, son sözün Dupin'e ait olduğu, Dupin'in Bakan'a şunları söylediği açıktır: Ben, aşağıya imzasını koyan Dupin, mektubun yazgısını, kastettiği şeyi, adresine göndermek için onu sizden çalmamın amacını ve neden bu mektubu onunla değiştirdiğimi size bildiriyorum, hatırlayın.

Ancak bütün öyküyü sınırlandıran görünmez tırnak işaretlerinin yanında Dupin, imzasını aktarmak için, bu son sözü tırnak işaretleri arasında alıntılamak zorunda kalır: bu, ona yazdığım şeydir ve bu, imza şeklimdir. Tırnak işaretleri arasındaki bir imza nedir? Ve öyleyse, tırnak işaretleri içindeki bu onay, bizzat tırnak işaretleri içindeki bir alıntıdır. Kalan, (yine) hâlâ edebiyattır/edebiyattandır.

Üçünden ikisinde, "Seminer"in yazarı, dessein'i [planı] destin'e [yazgıya] sokmuş olacaktır, muhtemelen bu yolla onun varacağı yere [destination] bir anlam yüklemiş olacaktır: şüphesiz kesinlikle, çünkü her halükârda hiçbir şey kimseye bir planı *[dessein]* bir yerden dışlama izni vermez. (Bu bitiş bölümü, kendisini Abbe D. Coppieters de Gibson'a ithaf

101 Bu metnin ilk baskısında, tırnak işaretlerine ilişkin aşağıdaki değini okunabilir: "Yine de bu şekilde sunuluşu ve içerdeki tırnak işaretlerinin, 'İngilizce'deki tırnak işaretlerinin muhafaza edilmesi doğru değildir." Hata yaptım: son tırnak işaretleri Dupin'in söyleminin sonunu gösterir, bana göre önemli olan budur ve göndermede bulunduğum baskıda hata yok. Bu (önemsiz olan) ifadenin silinmesi, ilk baskısından beri bu makalenin tek değişikliğidir.

eder. Aslında mesele –*yolda* iken yazgısına varması için bir mektubu çıkarıp yerine başkasını koyma değişikliği– ondan kaçmadı.)

"Durum ne olursa olsun, mektuptan faydalanmaya kalkıştığında Bakan, Dupin'in elyazısını tanıyabilmesi için yazılmış, Dupin'in Crébillon'un *Atrée*'sinde yer aldığını söylediği şu sözleri okuyabilecek: '...*Un dessein si funeste, S'il n'est digne d'Atré, est digne de Thyeste*'" (S., s. 43). Nihayet bir süre sonra: "Alıntının klişeleşmişliği, trajedideki kaynağına uygun olduğu gibi, bu yüzün taşıdığı meşum kehanete de uygundur: '... *Un destin si funeste, S'il n'est digne d'Atrée, est digne de Thyeste*'" (S., s. 71). Ve son olarak (Points, s. 8): "... ben buna şunu ekliyorum (s. 52): bu Lecoq'un, gönderdiği aşk mektubunda, onu kendisiyle uyandırmak istediği şarkıyı (*'un destin si funeste ...'*) onun işitme şansı yoktur."